羽柴秀吉とその一族

秀吉の出自から秀長の家族まで

黒田基樹

角川選書
677

はしがき

羽柴（豊臣）秀吉の一族・親類については、これまでの研究によりほとんどのことがわかっていると思われているかもしれない。しかしそのようなことは決してない。

秀吉についての研究は、かつては江戸時代の所伝にもとづいたものがほとんどであった。ここ二〇年ほどになって、ようやく当時の史料にもとづいて、その動向が解明されるようになってきたにすぎない。

例えば、戦国時代における政治分析での根本史料は、発給文書になるが、秀吉については近時、その集成がはかられ、刊行されるようになってきた（名古屋市博物館編『豊臣秀吉文書集』）。これによって今後、発給文書の内容をもとに種々の問題について解明がすすめられていくことだろう。しかしそれは言い換えれば、秀吉研究がやっとその地点に達したということでもある。

とはいえ、本格的な秀吉研究の推進のためには、発給文書だけでは不十分であることも事実である。一族・家臣の発給文書、さらには他大名の発給文書にみえる内容についても、網羅していく必要がある。しかしそれらの作業は、すべてこれからのことである。秀吉研究のためには、すすめなければならない作業がまだ膨大に残されている。

秀吉の一族・親類については、たしかに概略などは、江戸時代の所伝にもとづき、それをまとめた書籍などに記されてはいる。しかしそうした書籍では、記述の典拠が明確に示されていることは多くない。そのことが事実かどうか、妥当かどうかを検証しようとした場合に、典拠が示されていないため、確認、さらには検証することが困難な状況にある。しかも諸説が存在している場合には、典拠史料にあたって相互に比較検討する必要が生じるが、それも難しい。

そもそも現在、通説となっている諸事実のなかには、江戸時代に成立した所伝が、そのまま引き継がれていることも多い。例えば、秀吉母の天瑞院殿（大政所《おおまんどころ》）の本名を「なか」、姉の瑞竜院殿（秀次ら母）の本名を「とも」とされているが、実は、その典拠は明確でないのである。瑞竜院殿の生年についても、異なっている。あるいは瑞竜院殿の子の秀次・小吉秀勝は、秀吉の養子になったとみられているが、そのことを当時の史料では確認できない。むしろそうでなかったととらえられるのである。秀次の末弟の秀保《ひでやす》は、瑞竜院殿の子とされているが、実際には実子ではなかったと思われる。秀長の妻と妻子については、これまで十分に把握されていなかった。

このように秀吉の一族・親類についてすら、まだ正確な事実は解明されていない部分があり、それらについてあらためて確認、検証していく必要がある。そこで本書は、秀吉の

豊臣秀吉画像 東京大学史料編纂所所蔵模写

一族・親類について、基礎的な事実関係を中心に、できるだけ典拠史料を示しながら、明らかにしていこうと思う。その結果として、現段階において、何がどこまでわかるのか、何が正しく何が誤りなのかということを認識できるだろう。

さらに秀吉の親類を把握していくと、秀吉の出自階層もみえてくる。そもそもこれまで、伯叔父《おじ》・伯叔母《おば》にどのような人物がいたのかすら、きちんと検証されていなかった。しかしそれらの存在を認識することで、秀吉実家の社会的階層について一定の推定が可能となる。また秀吉は木下寧々《ねね》と結婚するが、その経緯についてもある程度、認識できるようになる。秀吉が寧々と結婚した時期、秀吉はすでに織田信長家臣になっていたから、大名家家臣の結婚の在り方、当時の秀吉の親戚関係と交流関係を踏まえることで、おのずとその経緯もみえてくる。

また秀吉の一族・親類について把握をすすめていくことで、その時々の秀吉権力の動向や在り方をうかがうことになる。例えば本能寺の変後、秀吉は惟住《これずみ》（丹羽《にわ》）長秀・池田恒《つね》興《おき》と婚姻関係を結んでいた。この事実は、織田政権における秀吉の主導権把握の動向とリンクしたものにほかならない。そうした秀吉とその政権の動向やその性格を認識するためにも、秀吉の一族・親類について、正確な事実把握が必要になるのである。

本書では、秀吉の一族・親類の基本情報について、可能なかぎり解明していくことにする。そしてその検討の結果として、秀吉の一族・親類について、実に多くの発見がなされることになる。これまで十分に認識されていなかった多くの事実、これまでの通説における多くの誤りなどが明確になり、既刊の秀吉の一族・親類を取り上げた書籍とは、次元の異なる地点に達するものとなろう。同時に、ここで明らかにした内容が、これからの秀吉研究の基礎となるだろう。

本書において、以下の史料集については略号で示した。

『豊臣秀吉文書集』所収文書番号　秀吉〜

史料引用文については、原文を紹介するもの以外は、原則として読み下し・現代仮名遣いとした。また年月日は旧暦、年齢は数え年で表記する。

羽柴秀吉とその一族　秀吉の出自から秀長の家族まで

目次

序章　秀吉の親類たちの検出

羽柴秀吉関係系図

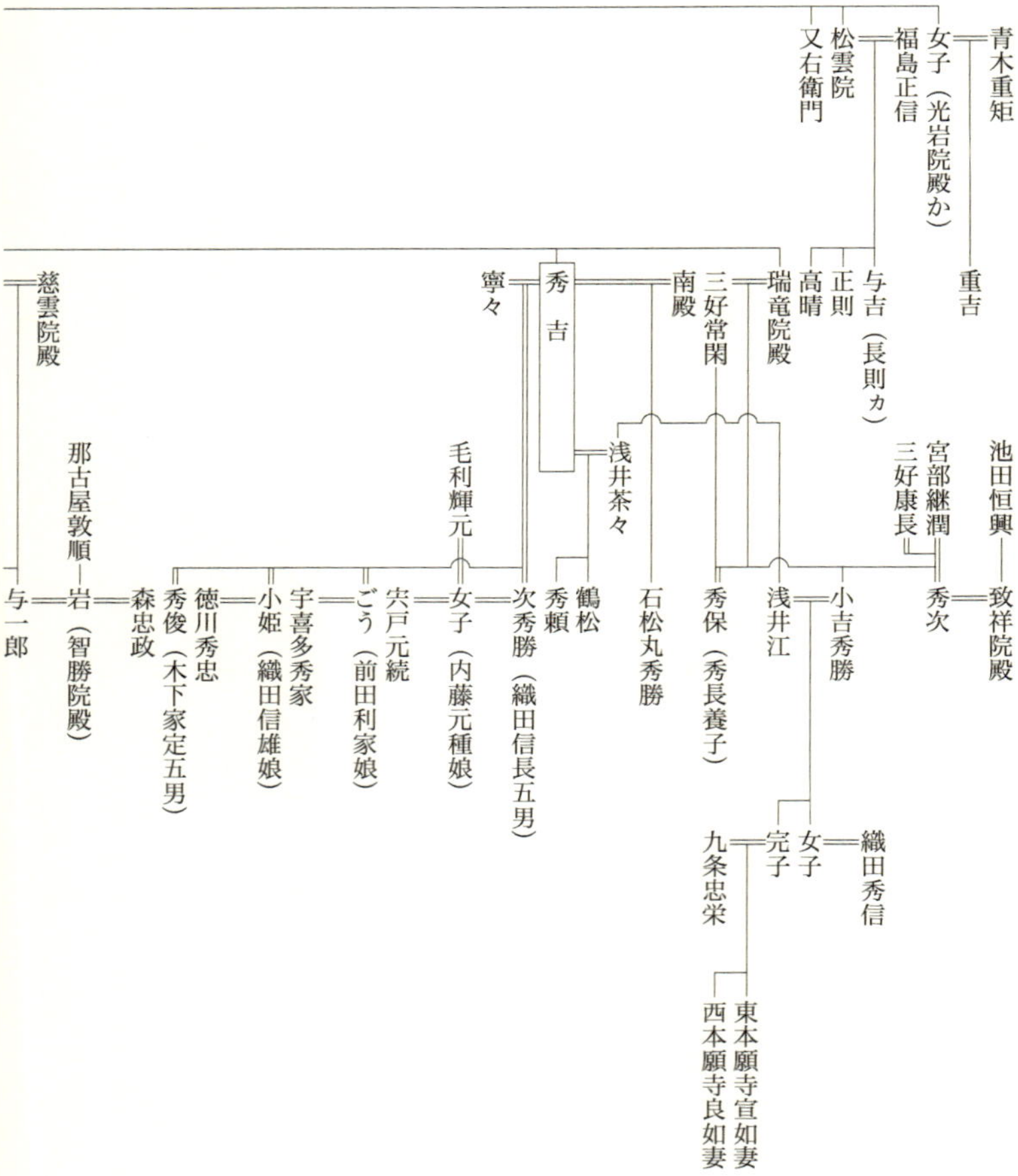

青木重矩
女子（光岩院殿か）
重吉
福島正信
松雲院
又右衛門
与吉（長則カ）
正則
高晴
瑞竜院殿
三好常閑
南殿
秀吉
寧々
慈雲院殿
池田恒興
致祥院殿
宮部継潤
三好康長
秀次
小吉秀勝
浅井江
秀保（秀長養子）
石松丸秀勝
浅井茶々
鶴松
秀頼
毛利輝元
次秀勝（織田信長五男）
女子（内藤元種娘）
宍戸元続
ごう（前田利家娘）
宇喜多秀家
小姫（織田信雄娘）
徳川秀忠
秀俊（木下家定五男）
森忠政
那古屋敦順
岩（智勝院殿）
与一郎
織田秀信
女子
完子
九条忠栄
東本願寺宣如妻
西本願寺良如妻

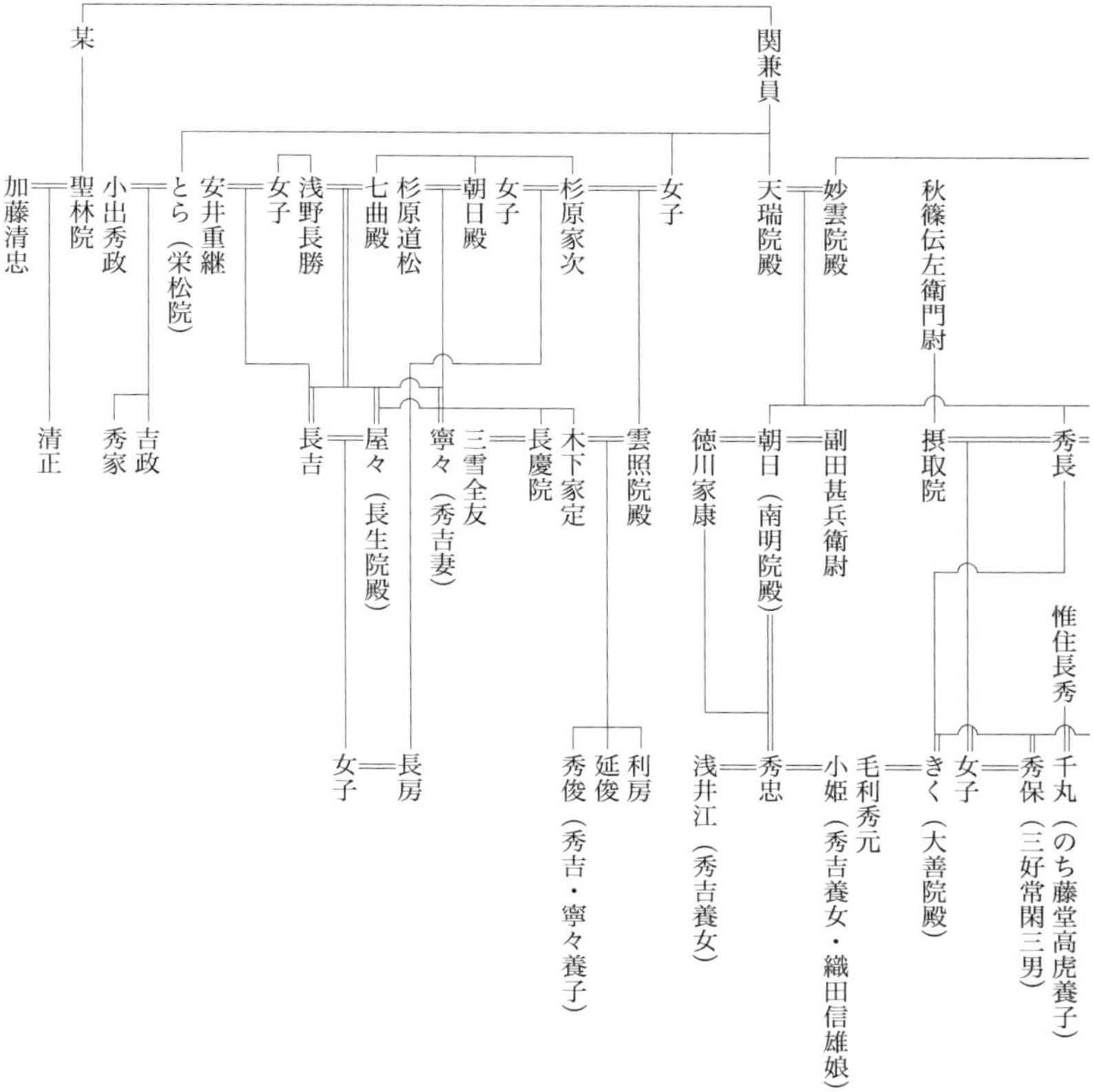
関兼員
某
妙雲院殿
天瑞院殿
女子
杉原家次
女子
朝日殿
杉原道松
七曲殿
浅野長勝
女子
安井重継
とら（栄松院）
小出秀政
聖林院
加藤清忠
秋篠伝左衛門尉
秀長
摂取院
副田甚兵衛尉
朝日（南明院殿）
徳川家康
雲照院殿
木下家定
長慶院
三雪全友
寧々（秀吉妻）
屋々（長生院殿）
長吉
吉政
秀家
清正
惟住長秀
千丸（のち藤堂高虎養子）
秀保（三好常閑三男）
女子
きく（大善院殿）
毛利秀元
小姫（秀吉養女・織田信雄娘）
秀忠
浅井江（秀吉養女）
利房
延俊
秀俊（秀吉・寧々養子）
長房
女子

秀吉の親類といった場合、具体的にはどこまでの親戚関係を指していたのだろうか。父母、父母のきょうだい（おじ・おば）とその配偶者、きょうだいとその配偶者、妻、実子・養子とその配偶者、きょうだいの子（甥《おい》・姪《めい》）、などの範囲は、容易に想像できるだろう。それ以上に広がっていたのだろうか。もっとも当時の史料で、秀吉の親類と明記していたり、さらにはそれらを完全に列記しているものがあるわけではない。そのためこのことを認識するには、秀吉が、いわゆる家族と同様に扱っていた人びとを検出する、という作業が必要になる。

幸いにも、秀吉から親類として扱われていた人びとを知ることができる史料がいくつか残されている。それらをもとに、秀吉の親類の範囲を把握していくことにしたい。そのうえで本書で扱う秀吉の親類の内容について、明確にしておきたい。

「祖父物語」の記載

まず取り上げるのは、「祖父物語」にみえている記載である。同書は、別名を「清須《きよす》翁《おう》物語」「朝日物語」ともいい、近時、福田千鶴氏（『高台院』）によって、名古屋市蓬左《ほうさ》文庫所蔵「清須翁物語」の奥書をもとに、寛永十九年（一六四二）の成立であることが明示されている。尾張《おわり》清須朝日村（清須市朝日）の柿屋喜左衛門が祖父の見聞談を書き留めた聞書である。刊本としては、『改定史籍集覧第十三冊』所収「祖父物語」があり、本書ではそれを使用し、そのため史料名も「祖父物語」を使用することにする。

筆者柿屋が話を聞いた祖父の生存期間は判明しないが、柿屋が同書を四〇歳くらいでまとめたとすれば、およそ文禄年間（一五九二～九六）の生まれとみられ、その祖父というから、それは秀吉とほぼ同世代にあたっていたことになろう。そのため内容は、かなり信用性の高いものとみることができる。さらに柿屋が居住した朝日村は、秀吉正妻の木下寧々（高台院）の出生地であった。そうすると柿屋祖父は、寧々やその実家の人びとと顔見知りであった可能性が高い。その意味からもその内容には、ある程度の信頼性をおくことができるだろう。

そこには、天正十年（一五八二）六月に、秀吉が主君織田信長の仇を討って、惟任《これとう》（明智）光秀の本拠・近江《おうみ》坂本城（大津市）を攻略したあと、城内で焼けた金を京都に運んで、後藤にあらためて大判に吹き直させ、それを秀吉の家族たちが居住していた播磨《はりま》姫路城（姫路市）に運ばせて、秀吉は「一門の者」に、「大判と云う物を見たることあるまじ」として、それらの大判を分け与えたことが記されている。そしてそれに続けて、秀吉がその当時に認識していた「一門の者」が列記されている。記載は人名を続けて書いたかたちになっているが、わかりやすくするため、一人ずつ改行して示すことにする。

大政所《おおまんどころ》（天瑞院殿）へ二百枚
朝日殿（杉原道松後室《すぎはらどうしょう》・木下寧々実母）へ二十枚、是は太閤の姑《しゅうとめ》なり、
此〔北〕の政所（木下寧々）の兄木下孫兵衛《まごひょうえ》（家定）へ廿枚、此孫兵衛は筑前中納言（小早川秀秋）の親父なり、姫路の城代ながら播州一国の代官なり、自分は備中《びっちゅう》高松にて二万六千石を領す、
浅野又右衛門《またえもん》（長勝）後家（七曲殿《ななまがり》）へ五十枚、是北の政所のおばなり、太閤藤吉郎の御時、又右衛門と申す人なり、其の上色々恩をうけたるとて所領三千石を賜りしか、信長公箕作《みつくり》の城攻めの時、討死をしたり、
木下小一郎（長秀、のち秀長）へ五百枚、是は太閤御舎弟、後美濃守《みののかみ》、但馬《たじま》一国を領す、
三宅〔好〕孫七（秀次）へ二百枚、是は三位法印《さんみ》（三好常閑《じょうかん》）の総領にて後に関白秀次と名のらせ玉う、氏もなき人の関白になし玉うことを恐れ、其の時四国の守護三好笑岩《しょうがん》（康長）の養子になし玉い氏を三好と改たまう、
美濃国《みののくに》少将殿（小吉《こきち》秀勝）へ二百枚、是は秀次公の兄〔弟〕なり、
大和《やまと》中納言殿（秀保《ひでやす》）へ二百枚、是は孫七殿三ばんめの御舎弟、利発にて太閤御秘蔵におぼしめし、内々は養子になされ位を譲らんと、日比は仰ける、和州の山あいに何

とやらん云う淵あり、昔は蛇すみたると申す、其の比犀かすみて赤きものおきて行たる者は必ず取るよし沙汰ありける、中納言殿我をいかでか取べしとて赤き帷子を着し、船にてこぎまわり玉えば、其のまま船を返し引こみたり、三日すぎ浮たまえり、胸のあたりつかみ破り疵ありときこゆ、
浮田（宇喜多）八郎（秀家）へ五百枚、是は前田又左衛門《またざえもん》（利家）娘（ごう）を太閤養子になされ、八郎へ結婚姻、聟とし玉う、後浮田宰相に成玉う、関ヶ原御陣の後故ありて八丈島の流人と成玉う、
北の政所の姉京どの（三雪全友妻・長慶院）へ廿枚
福島市松（正則）・加藤虎之助（清正）へ廿枚づつ
三位法印の内儀（瑞竜院殿）へ三百枚、是は太閤の姉なり、
青木紀伊守《きいのかみ》（重吉《しげよし》）へ五拾枚、是は太閤のいとこ、其の時小身にて有しが堀久太郎《きゅうたろう》（秀政）討死の後、其あと三十五万石を下されける、
杉原七郎左衛門（家次）に十枚下されける、

ここには、母天瑞院殿、姉瑞竜院殿とその子秀次・小吉秀勝・秀保、弟秀長、父方の従《い》弟《とこ》青木重吉、養女婿宇喜多秀家、木下寧々の母朝日殿、寧々の兄木下家定、寧々の姉長慶院、寧々の叔母《おば》七曲殿、関係を記されていない福島正則・加藤清正・杉原家次があげられ

ている。記述はそれより後世の表記によるものや、内容に後世の情報がみられているが、何らか元になる情報があったとみてよく、それをもとに記されたものと考えられる。

ちなみに秀吉との関係が記されていない者については、あとで触れるように、福島正則は父方の従弟、加藤清正は母方従妹《いとこ》の子、杉原家次は母方叔母婿、にあたっている。

「駒井日記」の記載

次に取り上げるのは「駒井日記」にみえる記載である。同書は、羽柴《はしば》秀次が羽柴家当主であった時期に、秀次の側近家臣であった駒井重勝が記した日記である（刊本は藤田恒春校訂『増補駒井日記』を使用）。

まず文禄三年（一五九四）正月二十九日条（刊本九〇〜一頁）に、秀次が秀吉本拠の大坂城に赴き、秀吉に進物を贈っているが、その時に秀次が進物を贈った人びとが列記されていて、「太閤様」「北政所殿（木下寧々）」「御ひろひ様（秀頼）」「同御袋様（秀吉別妻・浅井《あざい》茶々）」「さこ」「中なこん」「ひかし」「ちやあ」「きやくしん」「こちや」「かうさうす（孝蔵主）」（以上は寧々の女房衆）「七まかりとのへ」「あさ日とのへ」「はりま御うちへ」「二丸との（浅井茶々）つほね」とあがっている。

そのなかに、木下寧々・浅井茶々の女房衆に挟まれるかたちで、七曲殿・朝日殿・播磨御内があがっている。七曲殿と朝日殿は、「祖父物語」にもみえていたもので、それぞれ浅野長勝後室、杉原道松後室で、寧々の叔母・実母にあたっている。「播磨御内」は、あとで触れるように、天瑞院殿の妹で、秀吉家臣の小出播磨守《はりまのかみ》秀政妻にあたっている。

また文禄四年四月二十二日条（刊本二二六頁）に、記載の事情は明確でないものの、秀吉もしくは木下寧々（「北政所」）の「女房衆」として、「朝日殿」「七曲殿」「はりま殿内」「紀伊守（青木重吉）御袋」が列記されている。朝日殿・七曲殿・播磨殿内は先にもみえていた者になり、青木重吉母は、「祖父物語」で青木重吉が秀吉の従弟と記されていて、あとで触れるように、秀吉父の妙雲院殿（弥右衛門《やえもん》・筑阿弥《ちくあみ》）の妹にあたっている。

秀吉の親類たち

以上にみてきた「祖父物語」「駒井日記」をもとにすると、秀吉が親類として認識し、扱っていたのは、以下の人びとであったとみることができるだろう。すなわち、

母天瑞院殿
姉瑞竜院殿とその夫三好常閑、その子秀次・小吉秀勝・秀保
弟秀長とその妻子
父方叔母の福島正信妻とその子正則、同じく青木重矩《しげのり》（重吉父）妻とその子重吉
母方叔母の杉原家次妻とその夫家次、同じく小出秀政妻とその夫秀政

天瑞院殿従妹の加藤清忠妻とその子清正
正妻木下寧々の実母朝日殿、叔母七曲殿
寧々の兄木下家定
寧々の姉長慶院
養女婿宇喜多秀家

である。そしてこのことをもとにすると、それらの史料に記載はみられなかったが、実子・養子とその配偶者、妹朝日（南明院殿）とその夫、寧々の妹屋々《やや》とその夫浅野長吉《ながよし》（のち長政）、についても含めることができるだろう。それらはおおよそ、父妙雲院殿と母天瑞院殿の親戚、きょうだい瑞竜院殿・秀長・朝日の家族、実子・養子の配偶者、正妻木下寧々の親戚、と括ることができるだろう。したがって本書では、それらの人びとについて具体的に取り上げていくことにしたい。

　ところで正妻木下寧々の親戚が含まれていることからすると、別妻の浅井茶々・姫路殿（織田信兼娘）・京極殿（京極高次妹）・加賀殿（前田利家娘摩阿《まあ》）・三の丸殿（織田信長娘）らの親戚も含まれた可能性はあったと思われる。かつて先著『羽柴を名乗った人々』において、秀吉の弟・甥・養子については「一門衆」と、親戚関係にあった人々を「親類衆」として括り、その親類衆には、宇喜多秀家・木下勝俊（家定の嫡男）・福島正則・青木重吉のほか、徳川家康（妹朝日の婿）とその子秀忠（養女小姫《おひめ》・浅井茶々妹江《ごう》の婿）、結城秀康（家康次男）、前田利家（ごう・摩阿の父）とその子利長・利政、京極高次（京極殿兄、浅井茶々妹初《はつ》の婿）などをあげていた。なおそこではそのほかに、京極高次の弟高知と某秀弘もあげているが、現在は親類衆に含めるのは適当ではないと考えているため、除外するのが妥当である（拙稿「羽柴秀吉一門の研究」拙編『羽柴秀吉一門』所収）。

しかしそれら別妻とその親戚までも含めると、対象はあまりにも広がりすぎることになってしまう。それこそ先著で括った「親類衆」にほとんど一致し、さらには織田家の有力者にも広がってしまう。そもそも秀吉の別妻については、あらためてきちんと検証していく必要のある問題でもある。さしあたっては先に浅井茶々など五人をあげておいたが、それ以外にも存在していた可能性はあり、その検証をおこなう必要がある。

そのため本書では、父と母、正妻木下寧々の親戚にしぼるかたちで取り上げることにする。実際にも、先に取り上げた史料にあがっていたのは、それらの人びとに限られていた。この範囲を、秀吉にとって特に親しい親類、とみなすことはできるだろう。別妻とその親戚の検出とそれについての検討は、別の機会におこなうことにしたいと思う。

第一章　秀吉の出自と父母・きょうだい

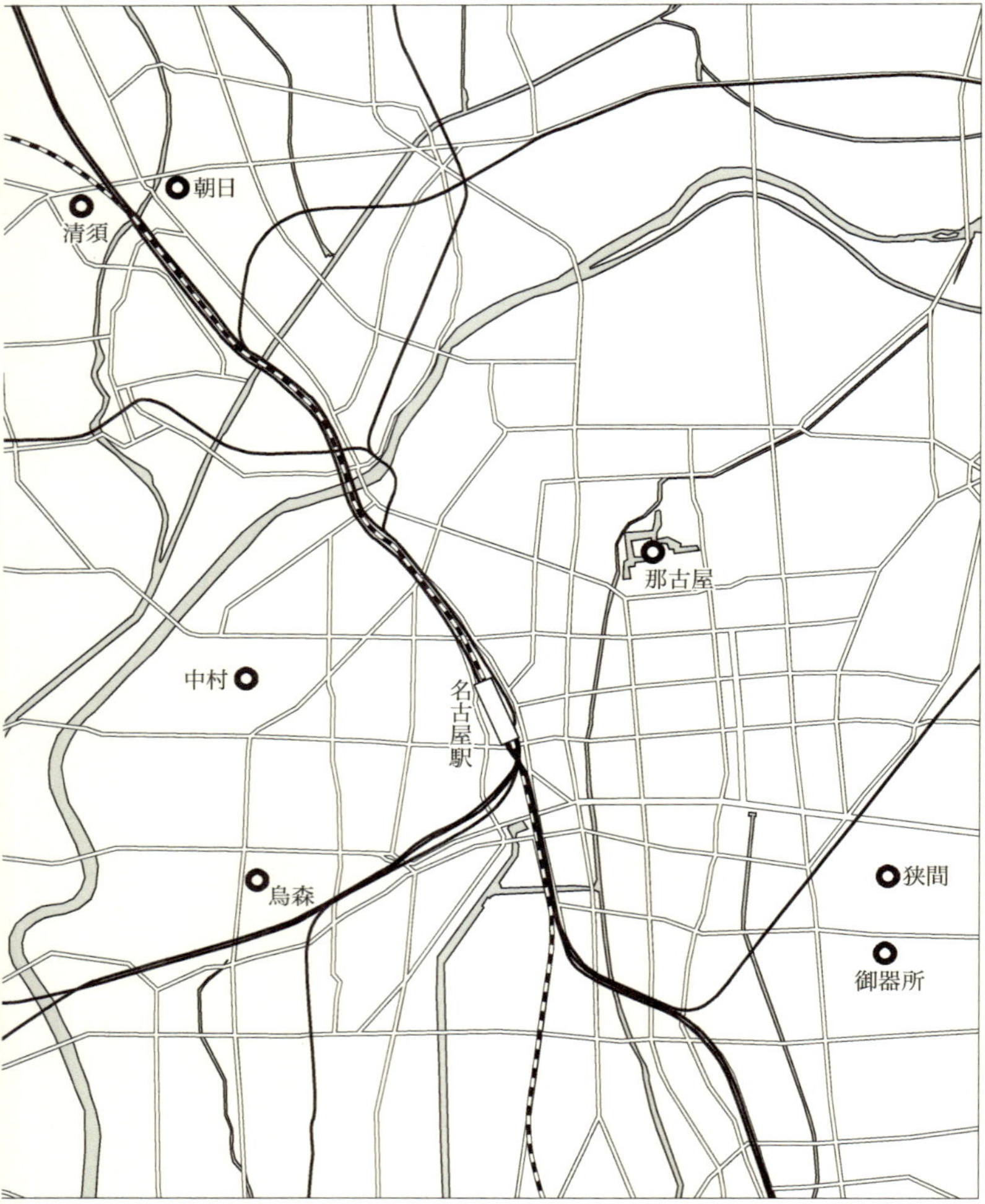

羽柴秀吉親類の関係地

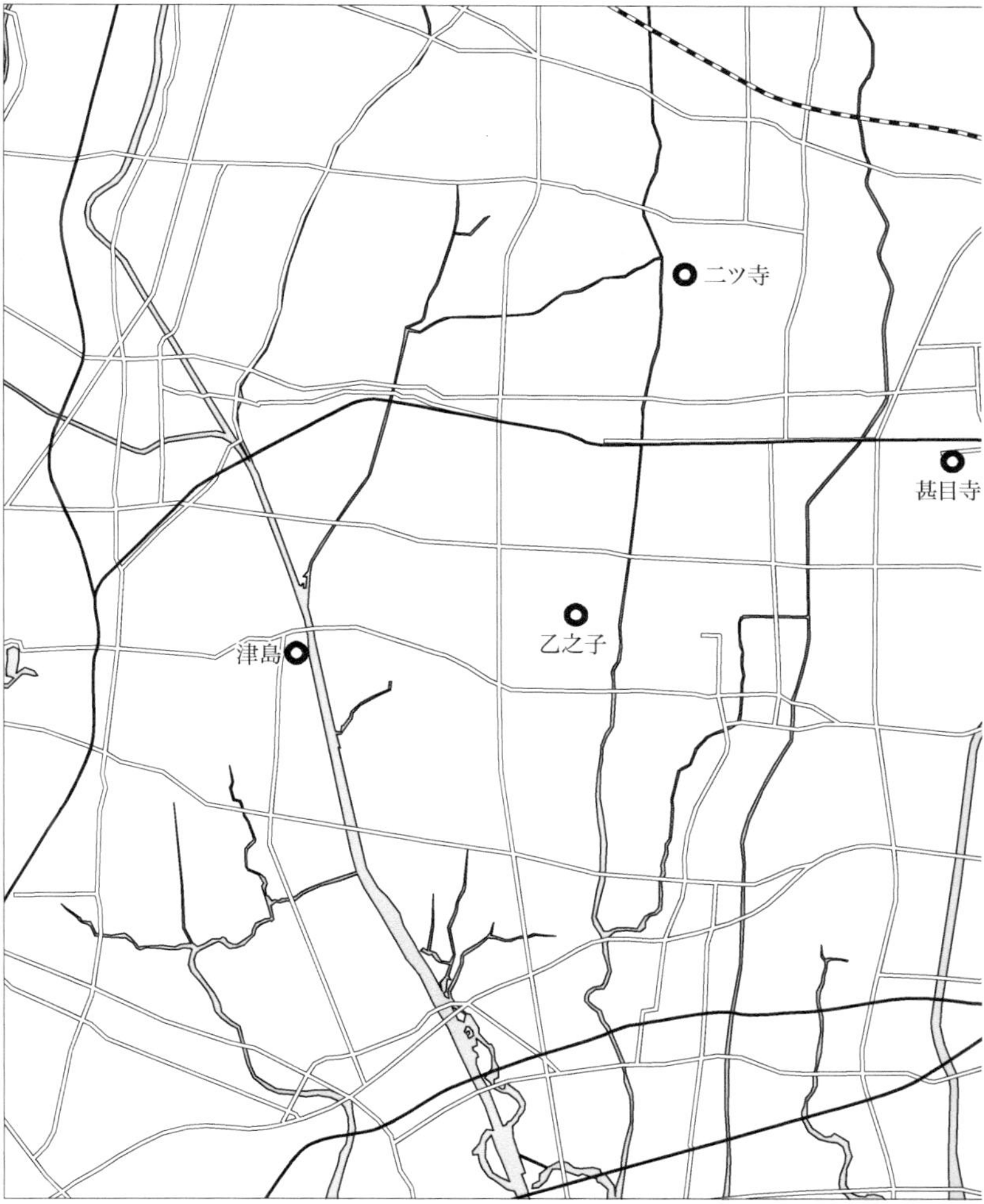
二ツ寺
甚目寺
乙之子
津島

ここでは秀吉の父母ときょうだいについて取り上げる。それにともなって、これまで種々に検討されてきた秀吉の出自について、現時点でもっとも妥当性が高いとみなされる見解を示すことにしたい。なおきょうだいについては、ここでは生年などの基本情報の確認にとどめ、具体的な動向やその家族については、あとの章であらためて取り上げることにした。ただし妹の朝日（南明院殿）については、事蹟《じせき》も少ないので、ここで取り上げることにする。

秀吉の父についての二説

そもそも秀吉の父については、当時の史料によって確認されない。通説では、実父を「木下」弥右衛門、継父を筑阿弥《ちくあみ》（竹阿弥）とされているが、これは以下で取り上げるような後世成立の関係史料をもとにした解釈にすぎない。

秀吉の父について記す最も古い史料は、寛永二年（一六二五）成立の小瀬甫庵《おぜほあん》「太閤記」（刊本は『新日本古典文学大系60　太閤記』を使用）であり、巻一に、

父は尾張国愛智郡中村之住人筑阿弥（刊本一二頁）

父は織田大和守殿に事へ、筑阿弥入道と申し候て、愛智郡中村之住人にて御座候、代々武家之姓氏をけがすと云う共、父が代に至りて家貧しければ、某微小にして方々使令之身と成て君門に達すること能わず、（刊本一四頁）

とある。

これによれば父は、尾張《おわり》愛知郡中村（名古屋市中村区）の住人で、清須織田大和守《やまとのかみ》（達《みち》勝《かつ》）に仕えた筑阿弥とされる。同書では、秀吉は一〇歳の時の天文十五年（一五四六）に生家を飛び出し、「方方流牢」し、「遠三尾濃四ヶ国の間を経廻」し、二〇歳の時の弘治二年（一五五六）に遠江《とおとうみ》の国衆・飯尾《いのお》連竜《つらたつ》家臣とみられる松下加兵衛尉《かひょうえのじょう》（長則《ながのり》か）に仕えたといい、そして永禄元年（一五五八）九月一日に織田信長に仕え、筑阿弥の子であることから「小筑」と称されたという。この文脈からすると、一〇歳から二〇歳の間に、筑阿弥は死去していたととらえられる。

次にみえるのは、寛永十九年成立の「祖父物語」である。そこでは、

御親父は尾州ハサマ村（名古屋市昭和区狭間町《はざまちょう》）の生まれ、竹アミと申して、信長公の同朋なり、

（秀吉は）清須ミスノのガウ戸と申す所にて出生し玉う、幼名をコチクとぞ申しける、

（刊本三一三頁）

とある。ここでは筑阿弥は、尾張愛知郡狭間村の出身とされ、清須に居住して、同所で秀吉が生まれたとしている。

「太閤記」では中村の住人となっていたが、ここでは狭間村の生まれとされて異なっている。整合的に考えるならば、狭間村の出身で、その後に中村に居住したということが措定される。また「太閤記」では、清須織田達勝に仕えていたとあり、ここで秀吉が清須で生まれたとされているのは、それに関連していると理解することも可能だろう。

次にみえるのは、延宝四年（一六七六）以前成立の土屋知貞「太閤素生記」（刊本は『改定史籍集覧第十三冊』所収本を使用）である。同書は、土屋知貞（一五九四～一六七六）の「養母」が、尾張愛知郡中中村の代官を務め、織田信長の弓を預かっていた稲熊助右衛門《すけえもん》という人物の娘といい、「秀吉前後の年比」で、秀吉関係の話は彼女からよく聞いていたものだという（刊本三〇七頁）。

ただし稲熊助右衛門の名は、「信長公記」などにはみられていないため、実在を確認できない。また知貞の祖母は、飯尾連竜の娘で、朝比奈駿河守《するがのかみ》（信置《のぶおき》、一五二九～八二）の妻「キサ」であることが記されている（刊本三一〇頁）。朝比奈信置の妻が飯尾連竜の娘であったことについては、他の史料でも確認される（『寛永諸家系図伝第七』二一四頁）。その娘が、知貞の父円都《えんつう》（一五四一〜一六二二）の妻になり、文禄三年（一五九四）に山城《やましろ》で知貞を産んだと伝えられている（『寛永諸家系図伝第六』一四八頁）。そうすると「養母」というのは、実母の死後に迎えられた、父円都の後妻のことであろうか。その「養母」は、秀吉と同世代であるといい、父円都とも同世代にあたっていたとみなされるので、円都晩年の元和年間（一六一五〜二四）には七〇歳代であったとみなされ、話を聞いていたというのは、慶長年間後半から元和年間頃におけることと推測できるだろう。体験談ということからすると、柿屋祖父とほぼ同時代でのこととみられる。

そこでは、

父は木下弥右衛門と云い、中々村の人、信長公の親父信秀〈織田備後守《びんごのかみ》〉鉄炮足軽也、秀吉八歳の時父弥右衛門死去、（刊本三〇六頁）

尾州愛智郡中々村の住秀吉父木下弥右衛門は信長父織田備後守足軽なり、天文十二年に死、太閤（秀吉）八歳の時なり、（刊本三一一頁）

とあり、父は中中村の住人で、木下弥右衛門といい、信長の父織田信秀に足軽として仕えて、天文十二年に死去したという。

母天瑞院殿についても触れていて、

秀吉母公も同国（尾張）ゴキソ村と云う所に生まれて、木下弥右衛門所へ嫁し、秀吉と瑞竜院とを持ち、木下弥右衛門死去ののち、後家と成りて二人の子をはぐくみ中々村に居る、（刊本三〇六頁）
秀吉母は同国ゴキソの生まれ、後大政所と号す、文禄二癸巳年死去、太閤五十八の年、（刊本三一一頁）

とあり、尾張愛知郡御器所《ごきそ》村（名古屋市昭和区御器所町）の生まれで、木下弥右衛門との間に瑞竜院殿と秀吉の二子をもうけ、弥右衛門死後もそのまま中中村に居住したという。

そして筑阿弥については、

信秀〈織田備後守〉家に竹阿弥と云う同朋あり、中々村の生まれの者なり、木下弥右衛門後家秀吉母の方へ入るる、其の後男子一人・女子一人秀吉と種替りの子を持つ、兄男子秀利〈初名小竹、後羽柴美濃守、後大和大納言〉（秀長）是也、女子は大権現宮（徳川家康）へ嫁され、参州岡崎へ御輿入る、（刊本三〇七頁）

とあり、木下弥右衛門と同じ中中村の生まれで、織田信秀に同朋衆として仕えていて、弥右衛門の死後、秀吉母の天瑞院殿に婿入りして、天瑞院殿との間に、秀長と朝日を産んだという。ここでは秀長・朝日（旭）は、秀吉とは異父きょうだいとされている。

秀吉の父に関する史料は、この三点が基本になる。それぞれの内容は、ほぼ同時期に存在していたとみなされ、そのため相互の優劣は付けがたい。しかしその内容は相互に一致しておらず、そのため秀吉の出自は不明確なものになっている。「太閤記」「祖父物語」は、秀吉父を筑阿弥とし、「太閤素生記」は、秀吉実父を木下弥右衛門とし、継父を筑阿弥としていて、大きく異なっている。

父妙雲院殿の忌日

「太閤素生記」では、弥右衛門の死去を天文十二年としている。この情報は前二者にはみえていないが、これはおそらく姉瑞竜院殿の菩提寺の瑞龍寺の所伝によると考えられる。文中で瑞龍寺位牌《いはい》について触れられているので（刊本三〇八・三一三頁）、土屋知貞はその情報を得て、記したと考えられる。瑞龍寺位牌について確認できないが、同種のものに、同寺の「木下家系図」があげられる。

「木下家系図」は、渡辺世祐《よすけ》『豊太閤の私的生活』に引用されている（三六頁）。「東京大学史料編纂所に京都瑞龍寺書出しの木下家系図」と記されているが、同所架蔵史料で該当のものを確認できなかった。そこには、秀吉姉の瑞竜院殿について、

日秀、羽柴武蔵守《むさしのかみ》一路《いちろ》室、一路法名建性院殿、三位法印日海大居士、慶長十七年壬子八月十五日逝去、

御父妙雲院殿栄本虚儀（天文十二年癸卯一月二日逝去）

御母天瑞院殿一位春巌桂尊儀（天正廿年壬辰七月廿一日逝去）

と引用されている。瑞竜院殿（日秀）の父妙雲院殿が天文十二年の死去と記されていて、これが土屋の情報源と考えられる。

渡辺氏は、この情報と「太閤素生記」の情報をもとに（他に「明良洪範」「遺老物語」をあげているが、情報源は「太閤素生記」と考えられる）、「太閤素生記」の内容を採用し、実父を木下弥右衛門、継父を筑阿弥ととらえ、秀長・朝日は異父きょうだいととらえた。これに対して桑田忠親氏（『豊臣秀吉研究』）は、秀吉父の死去年が天文十二年であり、秀長・朝日はそれ以前に生まれていることから、秀吉母の天瑞院殿が筑阿弥と再婚したのは、それ以後のこととととらえて、秀長・朝日の父も妙雲院殿ととらえ、秀吉きょうだいはすべて妙雲院殿・天瑞院殿の子で、同父同母きょうだいととらえている。

父妙雲院殿の忌日については、これ以外の史料としては、「東西歴覧記」（『近畿遊覧誌稿』淳風房、一九一〇年、所収、九八〜九頁）に引用されている瑞竜院殿菩提寺の瑞龍寺の

過去帳に、

妙雲院栄本、秀吉公父、八月二日

とある。忌日は「木下家系図」の「一月」とは相違して「八月」とされている。ただし「木下家系図」における「一月」は、おそらく「八月」の誤記とみなされ、忌日は「八月二日」とみてよいだろう。しかし死去年については記載されていないので、「木下家系図」の記載を信用できるかどうかが問題になるが、それはおそらくは実子の瑞竜院殿からの情報と考えられるから、おおよそ信用してよいと考える。

そうであれば秀長・朝日は、同父同母きょうだいととらえるのが妥当となる。その場合、「太閤素生記」が、天瑞院殿が弥右衛門の死後に筑阿弥と再婚し、秀長・朝日が生まれた、というのは、明確に時系列に齟齬《そご》をきたすものとなる。

弥右衛門と筑阿弥の関係

「太閤素生記」は、妙雲院殿の名を「木下弥右衛門」としているが、その情報源は判明しない。瑞龍寺の所伝にもみられていない。同書では、織田信秀に仕えて「鉄炮足軽」を務めていたと記している。これらについて桑田氏は、父は「中村の百姓」ととらえて、苗字《みょうじ》はなかったと考え、秀吉妻・寧々の「実家の本家」にあやかって木下苗字を称したととらえ、天文十二年の段階で織田信秀が「足軽の鉄砲隊」を組織していたとは考えられないことをもとに、それらを否定している（桑田前掲書一五～六頁）。

そのうち秀吉の木下苗字の由来について、寧々の「実家の本家」というのは、寧々の実兄・木下家定のことをいっているが、家定の木下苗字は秀吉から与えられたものなので、それに関しては第三章で検討することとし、それ以外のことは、おおむね桑田氏の見解は妥当である。そうすると「太閤素生記」での、木下苗字、「鉄炮足軽」の記述は信用できないといえ、同時にその名が「弥右衛門」というのも、そのまま信用はできないと思われる。

「太閤記」「祖父物語」は、秀吉父を筑阿弥とし、前者は中村の住人で、清須織田達勝に仕えていて、代々武家奉公していたと記し、後者は狭間村の出身で、清須に居住し、織田信長の同朋衆であった、と記している。しかし秀吉父の活躍時期からすると、後者の信長の同朋衆というのは成り立たない。また「太閤素生記」は、筑阿弥について、中村の出身で、織田信秀の同朋衆であったとする。「祖父物語」「太閤素生記」がともに、同朋衆としているのは、筑阿弥が出家の身で阿弥号を称していることからの類推ととらえられる。また両書がその仕官先を織田信秀・信長にしているのは、尾張国主を信秀・信長とする認識により、秀吉がその後に信長に仕えることをもとにしたものと思われる。それに対して

「太閤記」は、仕官先を清須織田家としている。のちに秀吉が信長に仕えることを踏まえると、ここであえてそれとは別家の清須織田家を出していることは注目でき、むしろこちらが事実を伝えていると考えられる。

では「弥右衛門」と筑阿弥の関係についてはどのように考えられるだろうか。「弥右衛門」の情報の信用性が低いとすれば、両者は同一人物の可能性が考えられる。「太閤素生記」は、「弥右衛門」の情報を得て、それを筑阿弥とは通称が異なっているため、別人物と理解したのではなかろうか。そうであれば、筑阿弥は代々武家奉公する家系にあり、本人は清須織田達勝に仕えて、天文十二年に死去したと考えるのが妥当と思われる。なお以下では秀吉の父については、法号の妙雲院殿で記していくことにする。

その際、奉公の在り方が、「足軽」であったのか「同朋」であったのかは判断できないが、筑阿弥の名が、何らかの理由で清須織田家から致仕し、それをうけて出家したとみれば、あえて同朋衆であったと考える必要もなくなる。ちなみに「足軽」についても、当時における「足軽」は、江戸時代におけるような下級奉公人を指すのではなく、軍事専門軍団に所属する者を指す場合が多かったとみなされる。「太閤素生記」が「足軽」としているのは、江戸時代的な下級奉公人を想定しての表現ととらえられるので、ここからも同書の「弥右衛門」に関する記述は信用性は低いととらえられる。

なおその他、「祖父物語」が出身を狭間村としていることについてどう考えるか、中村での階層についてどう考えるか、の問題がある。出身地については、狭間村の出身であったが、のちに中村に移住した、とすれば内容に整合性をとれるが、そうではなく、天瑞院殿の出身地である御器所村の隣村にあたることからすると、それとの混同ということも考えられる。いずれの可能性も排除できないといえ、現時点で明確な回答を出すことはできないといわざるをえない。

父の中村での階層

では妙雲院殿の中村での階層はどのようにとらえることができるだろうか。それはすなわち、秀吉の出自はどのようなものであったのか、という問題につながる。

まず押さえておくべきことは、妙雲院殿は、清須織田家に武家奉公していて、それは代々にわたっていた、ということである。奉公の在り方については、「足軽」「同朋」などとあったが、それらは信用できないことはすでにみた。そのことを外して考えるなら、奉公とは、在村被官としてのものであったとみるのがもっとも可能性が高い。

さらにその場合は、村落において、日常的に武力を行使する、比較的上層に位置していたと考えられる。これに関して、かつて鈴木良一氏（『豊臣秀吉』）は、「木下家は百姓としても相当の百姓で、かたわら織田家に仕えるなかば武士の家ではなかったか」「木下家もそういう名主《みょうしゅ》の家ではなかったか」と推測したが、それが基本的には妥当ということになる。

秀吉の出自については近年、一九七〇年代から流行した社会史研究の影響をうけて、非農業民の性格を強くみる見解が出される傾向がみられているが、秀吉の出自について最新の検討内容となっている、跡部信《まこと》氏（「天下人秀吉の出自と生い立ち」拙編『羽柴秀吉一門』所収）は、「太閤記」に、方々に奉公に出ていたこと、さらに、慶長の役で日本に連行されてきた朝鮮の儒官・姜沆《かんはん》の記録「看羊録《かんようろく》」に、「父の家は元来貧賤で、農家に傭われてどうにかたつきをたてていた」とあること、イエズス会宣教師ルイス・フロイス「日本史」に、「貧しい百姓の悴として生まれた」などとあること、「イエズス会日本年報」の秀吉伝に、「生国である尾張の国に住んでいたある金持ちの農夫のもとに雇われて働いていた」とあることなどをもとに、「零細な農業をいとなんでいた可能性が高い」「青少年時代のある時期から転々と働き口を変えながら流浪の生活を送り、農家の下人や商家の奉公人、乞食など、被差別的なものもふくむ、さまざまな職業を経験した」とまとめている。

秀吉の出自と少年時代の有りようについては、この跡部氏のまとめがもっとも的確ととらえられる。そもそも秀吉自身が、自らの少年時代について述べたものは、天正十七年（一五八九）十一月二十四日付で北条氏直に宛てた条書のなかで、「秀吉若輩の時、孤と成りて」（秀吉二七六五～七一）と述べているだけであるが、これによっても秀吉が、少年時代に父を失って孤児の身になっていたことが知られる。そもそも父の代に、「家貧しければ」（「太閤記」）とあったことをみると、妙雲院殿は何らか困窮する状態になったことがうかがわれる。そしてその死後、秀吉はまだ少年のため、他家に奉公に出なくてはならない状況になったと考えられる。

妙雲院殿が没落した理由はもちろんわからないが、清須織田家に仕えていたということからすると、そこから致仕せざるをえない事態があったのかもしれない。そしてそれなりの耕地を所有していたとしても、父の死によりそれが維持できない状況になり、そのため秀吉は他家に奉公に出なくてはならなくなったのかもしれない。ちなみに江戸時代でも、百姓家において当主が少年の場合、それまでの耕地は親戚などに分有され、少年が成人したら返却されたが、それまでは少年は他家奉公に出ることがあったらしいので、そうした事態は普通のことであったと思われる。

したがって秀吉が、父死去後の少年時代に、貧しい「百姓」であったことは確かとみなされる。しかし父が没落する以前は、武家奉公していたというのだから、一定の階層にあったとみなされる。そのことは妙雲院殿の親戚関係からうかがうことができる。詳しいことは次章で取り上げるが、妙雲院殿の妹の一人は、居所は不明だが青木勘兵衛尉重《かんひょうえのじょうしげ》矩《のり》（生没年未詳）の妻（生没年未詳）で重吉の母となっていて、もう一人の妹（松雲院、生没年未詳）は、尾張海東郡花正庄二ツ寺村（あま市二ツ寺）の住人・福島市兵衛尉《いちひょうえのじょう》正信（?〜一五九七）の妻で、正則の母となっていた。さらに妙雲院殿自身も、天瑞院殿と結婚していた。

百姓身分でも結婚ができるのは、江戸時代になっても、年貢・公事という租税の納税のもとになる耕地を所有している階層に限られていたから、妙雲院殿自身が結婚し、さらに妹も他村の住人と結婚していることから、妙雲院殿は、相応の資産を所有する階層であったとみなさざるをえない。その意味で、妙雲院殿の中村での階層は、一定の上層百姓であったと考えられる。しかし晩年に没落し、そのため秀吉は少年時代を貧しく過ごし、他家奉公に出ざるをえなくなったのだろうと考えられる。百姓家が何らかの事情で没落することは、戦国時代においては極めて普通のことであった。秀吉の生家もそうした状態にあったと考えられる。

またそのような階層にあったとすれば、本来は苗字を称していたと考えられる。百姓身分でも、一定階層以上の者は、江戸時代になっても苗字を称していた。妙雲院殿の妹が、青木・福島と苗字を称する家と結婚していることも、その傍証になる。しかしその苗字は判明しない。のちに秀吉は、織田信長に仕えて以降、「木下」苗字を称するが、それはそれにともなって他者から与えられたとみなされ、それまでは苗字を称していなかったと考えられる。おそらく妙雲院殿が没落した段階で、苗字を称する身分ではなくなり、苗字を称することができなくなったのではないかと思われる。

秀吉の母天瑞院殿

秀吉の母天瑞院殿については、河内将芳氏（『大政所《おおまんどころ》と北政所』）の評伝書が出されていて、その事蹟が明らかにされている。生年については、河内氏によっても示されているように、天正十八年（一五九〇）十二月吉日付伊藤秀盛立願状（桑田前掲書二三頁）に「丑之御年　御年七十四歳」とあり、『多聞院《たもんいん》日記』天正二十年七月二十五日条（『多聞院日記四〈増補続史料大成41〉』三五九頁）に「廿二日暁大政所死去〈七十六才云々〉」とあることで、永正十四年（一五一七）生まれであることが確認される。

なお法名については、同史料九月四日条（刊本三六五頁）に、「天瑞寺殿従一品春巌大禅定尼」と記されている。その他では、先に掲げた「木下家系図」に「天瑞院殿一位春巌桂」とあり、また「諸寺過去帳上」（東京大学史料編纂所架蔵謄写本）所収「大徳寺中過去帳抜書」のうち天瑞院の部分に、

秀吉公御母堂大政所殿
天瑞寺殿贈准三宮春岩桂公大禅定尼〈天正二十壬辰七月廿二日〉

とある。

これらによって天瑞院殿は、永正十四年生まれで、天文六年に秀吉を生んだのは二一歳

のこと、同十二年に妙雲院殿の死去時には二七歳であったことがわかる。出身については先の三点の史料では、「太閤素生記」が唯一、御器所村の出身と記している。他に有力な情報はみられないから、さしあたりはそれを信用してよいと思われる。なお天瑞院殿の名については、通説では「なか」とされるが、先の三点の史料にはみられていないので、それ以降の時期に成立した所伝とみなされる。その出所を探求する余裕はないが、いうまでもなく信用できないとみなされる。したがって彼女については、法号の天瑞院殿（ないし天瑞寺殿）で呼ぶのが適切と考える。

木下弥右衛門室［豊臣秀吉生母・関氏］画像
東京大学史料編纂所所蔵模写

また彼女の出身については、青木家の所伝に記述がある。桜井成広氏が引用している「青木家の系図書」というものである（桜井成広「現存する豊臣氏の血統」同著『戦国名将の居城』新人物往来社、一九八一年、所収）。それについては、「青木一矩（重吉のこと）の子孫のお家に古い系図が伝わっていて、同家から明治年間東京帝国大学史料編纂所に提出された由緒書」であると記

しているが、同所の架蔵史料で該当のものを確認できなかった。そのため桜井氏の引用に依拠するしかないが、そこには、

紀伊守（青木重吉）の父青木勘兵衛一薫《かずただ》（重矩のこと）に至る七世の間、該地（美濃大野郡）に居住し、其室は尾州愛知郡に住したる関弥五郎兼員の三女なり。兼員の長女は杉原七郎左衛門家利の妻、二女は筑阿弥の室にして豊臣秀吉の母なれば紀伊守為には従兄弟、又四女は加藤弾正左衛門《だんじょうざえもん》清忠の室にして加藤清正の母なれば紀伊守の為には是亦従兄弟に当たれり。

とあるという。

これによれば天瑞院殿の父は、愛知郡の住人で関弥五郎兼員《かねかず》であったと伝えられている。この記述では、姉妹が杉原家利（家次の父）・青木一薫（重矩）・加藤清忠の妻となっていることが記されている。それらの詳細については、第二章で取り上げるが、正確には、杉原家利ではなくその子家次（一五三一～八四）の妻（生没年未詳）、青木重矩妻は妙雲院殿の妹、加藤清忠（一五三七か～一五七四、清正の父）妻（聖林院、?～一六〇〇）は天瑞院殿の従妹（母は関兼員のきょうだいか）と考えられ、必ずしも正確な内容ではないとみなされる。

しかし秀吉父母の姻戚関係について近い内容を記していることから、その情報に一定の史料性を認めることはできると思われる。天瑞院殿の父についての情報は、これが最良と思われるので、さしあたって信用してよいと考える。そうであれば、父は関の苗字を称し、愛知郡の住人であったというから、おそらく御器所村の有力百姓であったとみなしてよいだろう。

秀吉のきょうだい

続いて秀吉のきょうだいについて取り上げる。秀吉のきょうだいには、姉の瑞竜院殿、弟の秀長、妹の朝日の三人があった。

それらの生年について、通説では瑞竜院殿は天文三年（一五三四）、秀長は同九年（一五四〇）、朝日は同十二年（一五四三）とされている。しかしながら、それらはいずれについても、十分な史料的検討を経てのものではない。そのためここで、それらの生年について、確定していきたい。

瑞竜院殿の生年

まず瑞竜院殿については、通説では名を「とも」とされるが、天瑞院殿の「なか」の場合と同じく、これについても先の三点の史料にはみられていないので、それ以降の時期に成立した所伝とみなされる。その出所を探求する余裕はないが、信用できないとみなされる。したがって彼女については、法号の瑞竜院殿で呼ぶのが適切と考える。

　生年について通説の典拠になっているのは、「東西歴覧記」引用の瑞龍寺過去帳とみなされ、

瑞龍寺殿日秀尊儀頴影像 善正寺所蔵

瑞龍寺日秀、秀吉姉《あね》・秀次公妣《はは》　寛永二年乙丑四月四日九十二歳

とある。寛永二年（一六二五）に九二歳で死去したとされ、逆算すると生年は天文三年（一五三四）になる。しかし死去年齢については別の所伝がある。河内氏も引用しているように、「孝亮宿禰《たかすけすくね》記」寛永二年四月二十四日条に、

故秀次関白母儀瑞了院〈九十四才〉今朝被他界由風聞、

とあり、死去年齢は九四歳と記されている。この逆算による生年は、天文元年(一五三二)になり、通説よりも二年早くなる。こちらのほうが史料の信用性は高いので、こちらを採用するのが適切であろう。今後、天文三年生まれ説を示す有力な根拠がみられればあらためて検討することが必要となるが、現時点では、天文元年説を採るのが適切である。

これにより瑞竜院殿は、天瑞院殿が一六歳の時の生まれであったことになる。出産年齢としては少し早いと思われるが、そのようにとらえておくしかない。ただしその年齢からすると、瑞竜院殿は天瑞院殿の第一子であったとみてよいだろう。父妙雲院殿の年齢は判明しないが、その時に二〇歳とみると、生年は永正十年(一五一三)頃と推測できる。およその頃の生まれとみられるだろう。ちなみにその場合、秀吉誕生時には妙雲院殿は二五歳くらいであったとみることができる。

秀長の生年

弟の秀長の生年について、先行研究において、通説の典拠を明記しているものがないため、すぐには特定できないが、例えば「系図纂要」所収「豊臣系図」に、「天文九年三ノ二生」「同(天正)十九年四〈正カ〉ノ廿二薨五十二」とあることなどによっていると思われる。しかしその情報の典拠は判明していない。

秀長の死去年齢に関しては、「多聞院日記」天正十九年(一五九一)正月二十三日条(前掲刊本二七九頁)に、

羽柴秀長画像 東京大学史料編纂所所蔵模写

大納言秀長卿昨日廿二日ニ死去云々、五十一才、

とあり、ここでは死去年齢は五一歳とされている。史料の信用性からみれば、こちらの所伝を採用するのが適切である。この逆算による生年は天文十年（一五四一）となり、通説よりも一年遅くなる。しかし当時の史料で天文九年生まれであったことが確認される。

すなわち天正十八年十月付羽柴秀長都状《とじょう》（「奈良国立博物館所蔵文書」）に、自書で「秀長五十一」と記されている。その逆年による生年は、通説の通り、天文九年と確定される。ちなみに同史料については、すでに永島福太郎・亥口《いぐち》勝彦氏によって紹介されているが（「豊臣秀長の都状（病気祈祷文）と病状」）、広く周知されてはいなかった。またそのことによって、三月二日誕生説も何らか根拠があった可能性も残されている。それについては今後も引き続いて検討していく必要がある。ともあれこの都状によって、秀長は天文九年生まれであり、母の天瑞院殿が二四歳の時の生まれ、姉の瑞竜院殿からは八歳年少、兄秀吉からは三歳年少になる。

ちなみに秀長の法名については、「諸寺過去帳上」所収「大徳寺中過去帳抜書」の大光院の部分に、

大和大納言

大光院殿前亜相春岳栄公大居士〈天正十九辛亥〉正月廿二日

とある。なお「東西歴覧記」引用の瑞龍寺過去帳には、秀長の法名は記載されていない。

朝日の生年

妹の朝日の生年について、それを示す当時の史料はみられていない。通説の典拠になっているのは、例えば中村孝也氏（『家康の族葉』第五2「南明院殿豊臣氏朝日姫」）は、朝日について述べているところで、「徳川幕府家譜」（『徳川諸家系譜第一』所収）を引用しているように、そうした江戸幕府編纂史料によっていると推測される。

「徳川幕府家譜」には、「同（天正）十八庚寅年正月十四日於聚楽亭《じゅらくてい》御逝去、御四十八歳」（刊本三三頁）とあり、同様の性格の史料である「幕府祚胤《そいん》伝」（『徳川諸家系譜第二』所収）では、「同（天正）十八年庚寅正月十四日於聚楽之御所而逝去、御年四十八」（刊本二〇頁）とある。死去年齢についての所伝は、それら以外には確認されていないので、現時点ではそれを採用してよいと考える。

天正十八年（一五九〇）に四八歳で死去したというから、その逆算により、生年は天文十二年（一五四三）となる。母の天瑞院殿が二七歳の時の生まれで、姉の瑞竜院殿から一一歳年少、兄秀吉から六歳年少、秀長から三歳年少になる。また父の妙雲院殿は、三一歳くらいであったと推測される。

またその名についても、「徳川幕府家譜」「幕府祚胤伝」に、「朝日君」「朝日姫君」とあることによっているととらえられる。「朝日」の表記については、別の史料などに「旭」とするものもあるが、いずれも後世の所伝にすぎないので、どちらが正確というものではない。そのためここでは、それらの史料をもとに、「朝日」の表記を採っておくことにしたい。

ちなみに朝日の法名については、「東西歴覧記」引用の瑞龍寺過去帳に、

南明院宗玉、天正十八年正月十四日

とあり、「諸寺過去帳中」所収「高野山過去帳」に、

南明院殿光室永玉大姉〈秀吉妹〉

徳川家康室[豊臣氏・旭姫・南明院光室宗玉]画像
東京大学史料編纂所所蔵模写(原本　南明院所蔵)

とある。なお先に触れた「幕府祚胤伝」には、「南明院殿光室総旭大姉」と記されていて、それぞれで法名が微妙に異なっている。

朝日の前夫・副田甚兵衛尉

朝日は、徳川家康の正妻となり、その立場で死去するが、家康の正妻になる前に、前夫がいたことはよく知られているところだろう。ところがそのことについては、当時の史料はおろか、江戸時代前期成立の「太閤記」などの軍記史料、さらには先にみた「徳川幕府家譜」などの、江戸幕府編纂の徳川将軍家の妻妾《さいしょう》についてまとめた史料などには、全くみられていない。

朝日の前夫の存在については、早くに渡辺世祐氏が記していて、「尾張（愛知県）の人佐治日向守《ひゅうがのかみ》」で、秀吉が家康を従属させるにあたって、「太閤は日向守に事情を話し離別を命じ、禄五百石を増し与えようとした。日向守は離別は命のままうけたまわるが、禄を受けるのは武士の面目がたたないとこれを辞し、旭姫を帰した」「その後の日向守は自殺したとも伝え、あるいは男を棄て剃髪して隠居し洛外に蟄居したともいう。あるいはまた旭姫の夫は日向守でなく、副田与左衛門《よざえもん》吉成であるとも伝え、確かなことはわからない」と記している（同著二四九〜五〇頁）。ここに記されている内容は、現在でも小説やドラマで取り上げられているものになる。しかし渡辺氏は典拠史料を全く示していない。

それらの典拠史料を明示しているのは中村孝也氏で、「朝日姫の前夫を佐治日向守とするのは改正三河後風土記の所伝であり、日向守は秀吉より、天下治平のために妻を離別すべき旨を諭されてこれを諒承したけれど、自分は天下に対して顔向けができないと言って自殺したといわれる」「これを副田甚兵衛《じんひょうえ》とするのは、武家事紀の所伝であり、甚兵衛は但馬多伊《たい》城の守備に任じている際、一揆に攻められて城を失ったので、秀吉のために妻を取り戻されたのであり、そののちも秀吉に仕えていたといわれる」「またこれを尾張烏森《かすもり》城主副田吉成とするのは尾張志の所伝であり、吉成は秀吉の命によって妻を離別し、五万石の賜封を辞して烏森邑に退隠し、薙髪して隠斎と号したといわれる」と記している（同著二六一〜二頁）。

ここに朝日の前夫について記す史料として、「改正三河後風土記」「武家事紀」「尾張志」が示されている。朝日の前夫について記す史料は、現在にいたってもこの三点が主要な史料となっている。そのほかに有力な情報はみられないということである。それら三点のうち、江戸時代中期に成立しているのが、寛文十三年（延宝元年・一六七三）成立の山鹿素行「武家事紀」（山鹿素行先生全集刊行会刊本）であり、そのほかの二点は、ともに江戸時代後期の成立で、「改正三河後風土記」は天保四年（一八三三）、「尾張志」は弘化元年（一八四四）である。成立時期からみて、まずは「武家事紀」の内容が最も信頼できると考えられる。

「武家事紀」にみえる副田甚兵衛尉

「武家事紀」には、朝日の前夫が副田甚兵衛尉であることが記されていて、その副田について四か所に記されている。まず巻九（刊本上巻二七四頁）に、天正十年（一五八二）十月に秀吉が京都大徳寺で織田信長の葬儀をおこなった際に、

杉原七郎左衛門尉家次・桑原次右衛門尉《じえもんのじょう》（貞也《さだなり》）・副田甚兵衛を奉行として、一七日の法事あり、

と記されている。次に巻一〇（同前二八三〜四頁）に、同十一年の賤ヶ岳《しずがたけ》合戦後、柴田勝家方の佐久間盛政と柴田権六《ごんろく》が秀吉方に捕縛された際に、

仍って副田甚兵衛にあずけおく、その後浅野弥兵衛尉《やひょうえのじょう》長政に監せしめ、六条河原にて是を害せしむ、

と記されている。次に巻一一（同前三一一頁）に、朝日が徳川家康と結婚した記載に、注記として、

公（秀吉）の妹は元副田甚兵衛妻なり、副田但馬国二方郡《ふたかた》多伊城に在り、信長逝去の時、副田兵を播州に出し、其のあとにて一揆起こり、多伊城を攻め取る、宮部（継《けい》潤《じゅん》）馳せ来たりて取りかえす、これより副田が妻を公奪いて与えず、副田猶勤仕す、

と記されている。最後に巻一四（同前五五一頁）に、秀長についての事蹟を記しているなかに、

但馬国を領し、出石《いずし》に在城、二方郡台の城に副田甚兵衛尉〈秀吉妹婿〉在て秀長の与力たり、

と記されている。

それらの情報源のうち、最初の二つは「太閤記」とみなされる。そこには、同十年の大徳寺の信長葬儀における奉行について、

奉行として杉原七郎左衛門尉・桑原次右衛門尉・副田甚兵衛尉を加えにけり、

と記されていて（刊本七七頁）、「武家事紀」巻九の情報源はこれと考えられる。また同十

一年の賤ヶ岳合戦後の柴田権六・佐久間盛政の護送について、

山口甚兵衛尉（宗長）・副田甚左衛門尉にぞ預ける、

とある（同前一五一頁）。ここでは「甚左衛門尉」と記されているが、他での「甚兵衛尉」と同一とみなしてよいだろう。これにより、柴田権六・佐久間盛政の護送を、山口宗長（のち正弘・宗永）とともに務めたことが知られる。そしてこれは「武家事紀」巻一〇の情報源にあたると考えられる。しかしその他については、現在においても情報源は判明しない。

ともあれそれらによれば、副田甚兵衛尉は、義兄の秀長の与力として存在し、秀長が但《たじ》馬《ま》を領有していた時期、すなわち織田家臣時代に、秀長が出石城《いずしじょう》（豊岡市）を本拠としたのと対になって、多伊城（指杭《さしくい》城、新温泉町）に在城したこと、天正十年六月の京都本能寺の変の際に、播磨《はりま》に移動したところに、一揆《いっき》が起こって同城を攻略されてしまい、それを宮部継潤が奪い返したものの、その失態のため秀吉から朝日と離別させられたこと、同年十月の大徳寺での信長葬儀において、杉原家次・桑原貞也とともに法事奉行を務めたこと、同十一年の賤ヶ岳合戦後に、捕縛した柴田権六・佐久間盛政を山口宗長とともに預かり、それを浅野長吉に引き渡したこと、などがみえている。

副田甚兵衛尉の史料での所見

副田甚兵衛尉については、当時の史料で一点だけだが確認され、天正八年（一五八〇）に比定される四月二十六日付の秀吉覚書（秀吉二三五）に、三木合戦後の播磨国での城割について、

神吉の城の事　副田甚兵衛

とあり、播磨神吉《かんき》城（加古川市）の破却を担当している。

副田甚兵衛尉についての当時の史料はこれだけであるが、先にみた「武家事紀」により、秀吉の織田家臣時代に、但馬での動向がみられたことがうかがわれる。それに関しては、江戸時代中期の貞享五年（元禄元年・一六八八）成立の「因幡《いなば》民談記」（刊本は「因伯叢書」所収『因幡民談記』一・二〈因伯叢書発行所、一九一四年〉を使用）に二か所にみえている。

一つは、天正五年に秀吉が但馬に侵攻を開始した際に、荒木平大夫《へいだいぶ》（重堅）・磯部兵部《ひょうぶ》大輔《のたいふ》（康氏）・垣屋播磨守（光成）とともに、因幡若桜《わかさ》鬼ケ城（若桜町）を攻略したものとして、「添田甚平」があげられている（刊本一巻一〇七～八頁）。もう一つは、同九年六月に、秀吉が因幡鳥取城（鳥取市）攻めをおこなった際に、それに従軍した武将の一人とし

て、「添田甚兵衛」があげられている（刊本二巻五頁）。ここではいずれも苗字は「添田」と記されているが、「副田」と同訓であるから、副田甚兵衛尉のこととみなしてよい。

そのうち若桜鬼ヶ城の攻略について、「因幡民談記」は天正五年のこととして記しているが、実際には同八年五月のことである（秀吉二四八）。同城の攻略について、当時の史料で詳しくは記されていないので、副田甚兵衛尉が参加したのかを検証することはできない。鳥取城攻めについても同様である。しかしあえて否定するような内容ではないことから、地域に確かな記録が残されていたのだろうと考えられる。これらをもとにすると、甚兵衛尉は、天正八年からその動向が知られるようになっていて、同年四月に播磨神吉城の破却を担い、その後は因幡に進軍して五月に若桜鬼ヶ城を攻略し、同九年六月の鳥取城攻めに従軍した、とみることができる。

また「武家事紀」にみえた但馬での動向については、他の史料にはみられていない。しかし「武家事紀」は何らかの史料をもとに記述したと考えられるから、やはりそれらについても、何らか確かな記録が残されていたと考えてよいだろう。そこでは、秀長（当時は長秀）が、但馬出石城を本拠にした、と記されているが、秀長が但馬において本拠にしたのは、終始、竹田城（朝来市《あさご》）であった。「信長公記」（刊本は角川ソフィア文庫本を使用）の天正五年十月二十八日条に、竹田城に「木下小一郎（長秀）城代として入れ置かれ候き」（刊本二三二頁）、同八年四月二十四日条に「木下小一郎は小田垣居城（竹田城のこと）

に拵え」とあることによって確認される。

これについては竹田城の誤認ととらえたうえで、副田甚兵衛尉は、多伊城に在城したというのであるが、それに関する他の徴証はみられていない。とはいえ多伊城という著名ではない城がわざわざあげられていること、同城は但馬西北端部の因幡に近いところに位置していて、秀長の竹田城とはかなり離れた地にあることからすると、その伝承には何らか確かな根拠があったとみてよいと考えられる。秀長が但馬北部を経略したのは、天正八年五月のことになるので、副田甚兵衛尉はその際に、同城に在城したことを想定できるように思われる。

ところが副田は、天正十年六月の本能寺の変の際に、在城地を離れて播磨に移動したといい、その後に一揆が起きて同城を攻略されてしまったという。そして因幡鳥取城に在城していた宮部継潤が、同城を奪還したという。これらのことも他の史料によって検証することはできない。しかしそうした事態は、十分にありえたように思われる。この失態によって、副田は、秀吉によって朝日と離婚させられたという。しかしその後も、秀吉に家臣として仕えたという。

同年十月の織田信長葬儀において、杉原家次・桑山貞也とともに法事奉行を務め、同十一年の賤ヶ岳合戦後に、山口宗長とともに柴田権六・佐久間盛政の護送を務めているが、これが副田の動向が確認される最後になっている。朝日との離婚が、その間のことであったのか、その後のことであったのかは判断できないが、離婚後も秀吉に家臣として仕えていた、ということをもとにすると、信長葬儀や柴田権六らの護送は、朝日との離婚後のことであった、とみることもできるだろう。

朝日と副田の離婚時期

こうしてみると、朝日と副田甚兵衛尉が離婚したのは、天正十年（一五八二）のことであったとみるのが妥当だろう。「改正三河後風土記」「尾張志」が伝えるような、徳川家康との結婚にともなって離婚した、というのは、「武家事紀」などよりも後世に成立した話とみるのが妥当だろう。話をいかにも興味深いものとする、創作とみてよいと思われる。

そのうちの「尾張志」には、実名《じつみよう》を「吉成」とすること、秀吉から致仕したのちの隠棲《いんせい》地が尾張愛知郡烏森村（名古屋市中村区）であったことが記されていた。「尾張志」の内容の元になっていると考えられるのは、享保十八年（一七三三）成立の「塩尻」とみなされる。そこには、朝日について、

始めは尾州の士副田与左衛門〈或いは甚兵衛〉吉成に嫁し給えり、秀吉神君（徳川家康）と和講の時副田に命じ給わく、汝我妹を離別せよ、今此を以て徳川氏に嫁して天下を静めんと思う、汝に禄を増し五万石の采邑を与えんと、副田曰く、妻を去る事は

命の儘にせん、然れども妻の代わりに禄を得ん事武門の本意にあらずと謝して、頓て室家を返して向後より男を立てじと、則剃髪して隠斎と称し、烏森村に閑居して終わりけるとかや、

とある（『日本随筆大成』第三期一四巻四四頁）。ここには副田について、実名を「吉成」といったこと、離婚の代償としての知行は「五万石」であったこと、それを拒否して致仕し、烏森村に隠棲し、出家して「隠斎」を称したことなどがみえている。なお「改正三河後風土記」は知行増分は「五〇〇石」とされていたが、大きく異なっている。秀吉の妹婿の立場からすれば、こちらの「五万石」のほうが適当と思われる。ただし朝日との離婚について、その代償として知行を増加されることについて、「武門の本意にあらず」と拒否したことや、「男を立てじと」出家したことなどは、いかにも江戸時代的な発想と思わざるをえない。

ともかくもこれによって、それらの所伝は一八世紀前半にはみられていたことがわかる。それらの内容を、他の史料によって検証することはできない。しかしそれらの内容は、地域に残された所伝とみなされ、同村にはその子孫の存在もみられたということから、ある程度信じることができると思われる。なかでも実名については、副田が、秀吉の妹婿であることから、秀吉から偏諱《へんき》をうけていたことは十分に考えられ、そのため実名が「吉成」

であったというのは、十分に可能性があろう。

ちなみに子孫に伝来される位牌には、死去年として「元和元年」、法名として「貞応浄慶大徳禅定門」と記されていることが紹介されている（横地清「尾張中村雑考」拙編『羽柴秀吉一門』所収）。このことを他の史料で検証することはできないが、元和元年（一六一五）の死去、その法名は十分にありうることだろう。同年の死去としたら、甚兵衛尉が朝日とほぼ同年齢としても、死去年齢は七三歳になり、おかしくはない。また隠棲地が烏森村であったというのは、元来、副田が同村の出身であった可能性を想定させる。そして朝日出身地の中村とは、比較的近くに位置していることから、それは十分に考えられるだろう。

副田甚兵衛尉については、史料所見があまりにも少ないため、具体的なことはほとんど確定できない。しかし現在でも小説やドラマで取り上げられている、朝日が徳川家康との結婚のため、副田と離婚させられたというのは、ようやく一八世紀半ばになってからみられるものであった。それに対して離婚の時期が本能寺の変後というのは、それより以前にみられた所伝になる。かつその所伝に、明確な反証がなく、また前後の状況と整合性があることからすると、この所伝を採用するのがもっとも妥当と考えられる。

朝日と徳川家康の結婚

朝日は天正十四年（一五八六）五月十六日に、徳川家康と結婚した。この結婚は、秀吉が家康を従属させるのにともなっておこなわれたものになる。そのため一八世紀以来、秀吉は家康を従属させるため、朝日を副田と離婚させたうえで、家康と再婚させたとみられてきて、現在でも多くの場合、そう考えられている。しかし結婚は、すでに柴裕之氏（『徳川家康』一五〇頁）が指摘しているように、家康から要望したものであった。これに関しては、秀吉は同年五月二十四日付の朱印書状で、「家康の事、種々縁辺等の儀迄懇望せしめ候」と述べていて（秀吉一八九三～四）、縁組が家康からの要望によるものであったことが確認される。ちなみにこのことについては、拙著『徳川家康の最新研究』では見落としていた。ここにあらためて、縁組は家康からの要望であったことを押さえておきたい。

家康がそのことを要望したのは、この年正月二十七日に、秀吉への従属を働きかけてきた織田信雄《のぶかつ》と会談し、秀吉への従属を決した際のことと思われる。家康は秀吉に、「何事も関白の意向に従う」旨を申し入れ、それをうけて秀吉は二月八日に、家康討伐の中止を表明したのであった（秀吉一八四九～五〇）。家康からの要望をうけて、秀吉は朝日を家康に正妻として嫁がせることにしたと考えられる。秀吉にちょうど未亡人になっていた朝日がいたという状況からすると、家康は、その朝日を、妻に迎えたいと要望してきたと考えられる。朝日は秀吉の実妹であったから、それと結婚すれば、家康は秀吉の義弟になり、

徳川家康画像 東京大学史料編纂所所蔵模写

羽柴政権において極めて高い政治的地位が約束されることを見越してのことだろう。

朝日と家康との結婚に関する情報がみられるようになるのは、四月五日からのことで、秀吉は直臣に、朝日の婚姻行列にともなう準備を命じている（秀吉一八七二）。それ以降から、五月十六日の婚儀にいたる経緯については、すでに拙著『徳川家康の最新研究』（一八三～五頁）で、典拠史料を示しながら述べているので、詳細についてはそちらを参照いただき、ここでは省略することにしたい。朝日はこの時、四四歳であった。相手の家康は一歳年長の四五歳であった。この年齢であるから、いうまでもなく子どもの誕生は考えられない。この結婚は、秀吉と家康の和解を示すための政治装置であった。

ただし結婚にともなって、朝日は家康嫡男の秀忠（当時は幼名長丸《ちょうまる》）と養子縁組した可能性が高いとみなされる。そのことを明示する史料はみられないものの、その反証もみられていない。家康はその後、羽柴政権下の大名として存在し、そこでは正妻・嫡男については秀吉の承認を必要としたと考えられる。まして家康正妻となった朝日は、秀吉の妹であったから、嫡男がそれと無関係に置かれていたとは考えがたい。したがって秀忠は、朝日の養子になったと考えられるだろう。

しかしこのことは、その後の羽柴政権における秀忠の政治的地位をとらえるうえでとても重要な事柄になる。秀忠は、一二歳の時の天正十八年正月に秀吉に初めて出仕し、秀吉養女小姫《おひめ》（甘棠院殿《かんとういん》、織田信雄の娘）と婚約し、同年十二月に元服、侍従に任じられて公家成大名とされ、翌十九年十一月に一三歳で、近衛少将を飛び越して、参議・右近衛権《こんえのごんの》中将《ちゅうじょう》に任じられ、翌文禄元年（一五九二）九月に一四歳で、従三位《じゅさんみ》・権中納言に任じられている（拙著『羽柴を名乗った人々』参照）。その時点で同官以上の官職にあったのは、権大納言であった父家康だけであり、同官にあったのは、羽柴秀保《ひでやす》・同秀俊（のち小早川秀秋）という秀吉の一門衆だけであった。秀忠は、養女婿の宇喜多秀家よりも高い地位に位置付けられているのである。

これはすなわち、秀忠は当初から、秀吉の一門衆と同等の政治的地位を与えられていたことを示している。その源泉は、秀吉義弟の家康の嫡男、秀吉の養女と婚約、というだけではなかったと思われる。養女婿だけであったら、宇喜多秀家と同等でしかないからである。それはやはり、秀吉妹の朝日の養子であったから、と考えざるをえないと思われる。すなわち秀忠は、朝日の養子であることをもって、秀吉の義理の甥《おい》に位置し、その一門衆として存在したといえるだろう。

ちなみに秀吉の血縁者でないにもかかわらず、そのような待遇をうけていたものには、秀忠と織田秀信しかみられていない。このことについては第五章で、織田秀信について取り上げる時に、あらためて触れることにしたい。

天瑞院殿の岡崎訪問

朝日と徳川家康の結婚にともなってみられた事態に、母・天瑞院殿の三河《みかわ》岡崎城（岡崎市）訪問がある。これについても小説やドラマでよく取り上げられていて、そこではたいてい、朝日と結婚しても、家康がなかなか秀吉に従属の姿勢をとらないために、秀吉が業を煮やして、生母の天瑞院殿を人質に出すことで、家康の上洛・出仕を実現させた、と描かれることが多い。

しかし天瑞院殿の岡崎下向までの過程をみていくと、必ずしもそのようにはとらえられない。朝日と家康の結婚後の六月に、越後《えちご》上杉景勝《かげかつ》が秀吉のもとに上洛・出仕し、そこで信濃《しなの》国衆の帰属が取り決められ、秀吉に従属していた木曾・小笠原両家と、上杉に従属していた真田家は、家康に与力として付けられることにされた。これは秀吉と家康との間の、領土協定の取り決めを意味している。しかし真田家はそれに従わなかったため、七月に家康はその討伐を秀吉に申請し、秀吉もそれを容《い》れた。ところが八月になって、秀吉はそれを中止した。前月から九州進軍が開始されたことにともなうと思われる。

そして九月二十六日に、秀吉は浅野長吉らを家康のもとに派遣して、上洛・出仕を要請するのであり（「家忠日記」『愛知県史資料編12』一一四七号）、それと引き替えに天瑞院殿の岡崎下向が取り決められたと考えられる。秀吉がこの時期に、家康の上洛を要請したのは、その二日前の九月二十四日に、配下の大名に対して、十一月七日に正親町《おおぎまち》天皇の譲位式をおこなうにともなって、上洛を命じていることを踏まえると、義弟にあたる家康を、同式に参加させるためと考えられる。その際に、上洛中の家康進退の保証のため、天瑞院殿を家康領国に派遣することにしたととらえられる。

家康は、これによって秀吉に初めて上洛・出仕するのであるから、進退保証が必要になる。例えば、のちに相模《さがみ》小田原北条家が、秀吉から従属を承認されたことへの御礼言上のため、使者として北条氏規《うじのり》を派遣した際に、北条家への取次を務めていた家康は、氏規の上洛中の人質として、五男の武田万千代と家臣松井松平康重の弟・忠喬《ただたか》を小田原に送っている（拙著『戦国大名・北条氏直』一一八頁）。家康は実子を人質に出しているのであり、そうした場合に親族を人質に出すことは、当時においては通例のことであったとみなされる。そうした人質は、たいていは母か幼少の実子があてられた。秀吉にはこの時点では、実子はいなかったから、母をあてることは極めて順当なのである。ただ人質というのは、さすがに世間に憚《はばか》られたのか、名目は「面向きは御息女（朝日）に逢い申され」（前掲愛知県史一二五〇号）と、朝日の見舞いということにされたのだろう。

秀吉が天瑞院殿を岡崎に下向させることについては、十月八日には決められていたことが知られるので（秀吉一九八〇）、その決定は、それこそ家康に上洛・出仕を要請した段階で決められていたと考えられる。家康は秀吉の要請を容れて、上洛・出仕することを受諾し、秀吉はそれをうけて天瑞院殿の岡崎下向の準備を、直臣に命じたのであった。天瑞院殿の岡崎下向の経緯については、やはり拙著『徳川家康の最新研究』（一八八～九〇頁）で、典拠史料を示しながら述べているので、詳細についてはそちらを参照いただき、ここでは省略することにしたい。一つだけ念押ししておくならば、その際に家康は、往路においては、天瑞院殿と面会しておらず、岡崎城近くの西尾（西尾市）に滞在していて、天瑞院殿の岡崎城到着をうけて、尾張に向かっているのである。家康が天瑞院殿と対面したのは、帰路の際のことであった。

第二章　父方の親類と母方の親類

ここでは秀吉の父・妙雲院殿のきょうだい、母・天瑞院殿のきょうだいについて取り上げることにしたい。すなわち秀吉の伯父《おじ》・叔父《おじ》・伯母・叔母たちである。

具体的には以下において検証していくが、あらかじめ結論を示しておくと、妙雲院殿の妹婿には、居所不明（後述するように清須か）の青木勘兵衛尉重矩《しげのり》、尾張海東郡花正庄二ツ寺村（あま市二ツ寺）の住人・福島市兵衛尉正信があり、天瑞院殿の妹婿には、尾張清須朝日村（清須市朝日）の住人・杉原七郎左衛門尉家次、中村の住人・小出播磨守《はりまのかみ》秀政があり、従妹の婿に中村の住人・加藤弾正右衛門《だんじょうえもん》兵衛《ひょうえ》清忠があり、父方か母方か不明だが、「伯父」（叔父だろう）に尾張海部郡甚目寺《じんもくじ》村（あま市甚目寺）の住人・又右衛門があった。

以下において、それらの順に具体的に取り上げることにしたい。

父方の叔母・青木重矩妻、重吉母

青木重吉の父勘兵衛尉重矩については、当時の史料では確認されない。「青木系図」（東京大学史料編纂所架蔵謄写本）など、青木家の系図史料に、重吉の父としてあげられている程度である。なお実名については、「一薫」などと伝えるものもあるが、当然ながら確認できない。

また重吉の実名についても、「一矩」「重治」「秀以《ひでもち》」などとも伝えられ、「青木系図」にもそのように記されているが、当時の史料で確認できるのは「重吉」のみである。これについては先著『羽柴を名乗った人々』で指摘しておいたが、ここでもあらためて指摘しておきたい。ただし秀吉の家臣の場合、実名の改名はよくあることなので、重吉が改名した可能性は残る。ただしその場合でも、秀吉から上字を偏諱《へんき》として与えられたかたちになる「秀以」はありえないだろう。「秀」字の授与は、一定の関係や階層にある対象に限られていたとみられ、重吉はそれに該当していなかったと考えられるからである。したがってその実名については、「重吉」を用いるのが適切である。なおその実名のうち、「吉」字は秀吉から下字を偏諱として与えられたものとみて、間違いなかろう。

重吉の母が秀吉の叔母《おば》にあたったことについては、当時の史料でも確認できる。文禄元年（一五九二）以前にあたる秀吉消息断簡に、

> われら（我等）おは（叔母）のきのかみ（紀伊守・青木重吉）はゝ（母）」（秀吉六九一六号）

とあることによって確認される。先の「青木系図」にも、「母豊臣秀吉公伯母」と記されていて、そのことが子孫にも明確に伝えられていたことが知られる。

しかしそれが父方なのか母方なのかは、ここからでは判明しない。それについて、第一章で引用した、桜井成広氏が紹介している「青木家の系図書」には、「其（青木重矩）室は尾州愛知郡に住したる関弥五郎兼員の三女」とあり、天瑞院殿の妹と伝えられていて、そのためこれが通説になっているようである。

けれども『羽柴を名乗った人々』でも指摘したように、青木重吉は、秀吉の直臣衆のなかで、同じく秀吉の父方の従弟《いとこ》である福島正則とともに、侍従《じじゅう》に任官され公家成《くげなり》大名とされて、それにともなって羽柴苗字《みょうじ》を与えられているのであり、それは父方の親戚だったからとしか考えられない。母方の親戚については、そのような待遇は全く与えられていないからである。したがって青木重矩妻・重吉母は、秀吉の父方の叔母ととらえて間違いないと考えられる。

なお重吉の生年については不明であるが、秀吉よりも年少であったことは確実と考えられるから、母は妙雲院殿の妹と推定される。またその姉妹にあたる福島正信妻との長幼関係については、それぞれの子である重吉と福島正則とを比べると、重吉は天正十七年（一五八九）の段階で紀伊守の受領名を称していること、正則はその時点ではまだ官途《かんと》名《めい》左衛《さえ》門大夫《もんのだいぶ》を称しているにすぎないことから、重吉のほうが年長であったと推測されるので、重吉母が姉、正則母が妹であったと推定しておきたい。ちなみに福島正則は永禄四年（一五六一）生まれであったから、重吉の誕生はそれ以前のことと推測されよう。

重吉は秀吉の従弟であったにもかかわらず、史料での所見は遅い。初見とみられるのは、「兼見卿記《かねみきょうき》」天正十四年八月十三日条（『兼見卿記第三〈史料纂集〉』一八三頁）に、

紀州在国青木女房衆、夫婦の間誓紙の儀これ在り、

とあることとみられる。ここでは紀伊に在国していたことがみえている。当時、紀伊は秀長の領国であったから、重吉は秀長の与力として存在していたことがうかがわれる。これについては「武家事紀」にも、秀長家臣として重吉の名を筆頭にあげている（刊本上巻五五六頁）。他の徴証は得られないが、おおよそ事実とみてよいだろう。重吉は、秀長の与力として、紀伊に在国したのであった。

ところが同十七年十二月の小田原攻めにおける陣立書では、「千騎　青木きの守（紀伊守）」（秀吉二九〇六～七）、あるいは「二千人青木・大谷（吉継）」（秀吉二九〇九）とあげられていて、この時点で秀吉直臣の立場になっている。軍役人数は千人であることをもとにすると、この時の軍役は百石五人役であったから、領知高は二万石であったと推定される。秀長与力の立場であったものが、どのような理由で秀吉直臣に転じたのかは判明しないが、以後は秀吉直臣として存在し、慶長二年（一五九七）七月に侍従に任じられて公家成大名とされ、羽柴苗字を与えられ、最終的には越前北庄《えちぜんきたのしょう》二十万石の領国大名とされている。

慶長五年の関ヶ原合戦では大坂方に味方したため、除封されるものの、十月六日に北庄城で死去し、法名を西江院殿長英傑山大居士といったとされ（「青木系図」）、また忌日は十月十日で法名は西江院殿傑山栄公大居士といったとされる（「諸寺過去帳上」所収「妙心寺過去帳抜書」）。なお「青木系図」には、重吉の法名に続けて、

南昌院殿良翁宗策大居士〈七月九日同（青木紀伊守）殿〉
光岩院殿華清法春大姉〈慶長八年十一月十一日紀伊守殿女〉
高樹院殿栄岳松槃大禅定尼〈同十六年九月十九日同殿室〉
西陽院殿栄誉安長大禅定尼〈同十五年八月廿六日同殿室〉
秋山異救庵主〈天正十六年七月廿九日青木氏某〉

が列挙されている。重吉との関係性について注記されてはいるものの、にわかには特定できない。南昌院殿は重吉と同じ通称を称しているから、父重矩にあたるだろうか。光岩院殿は「女」とあるが「母」の誤記で、その妻で重吉の母、高樹院殿と西陽院殿は「室」とあるのでともに重吉の妻、秋山は早世した重吉の子、であろうか。そうであれば妙雲院殿の妹は、光岩院殿を称し、慶長八年に死去したことになる。

青木重矩の素生

青木重吉母についての、当時における史料所見は、先にあげた秀吉消息断簡のほか、「駒井日記」文禄四年（一五九五）四月二十二日条に「紀伊守殿御袋」とあるものになる（刊本二二六頁）。彼女について興味深く、かつ重要な所見が、「明智軍記」（刊本は二木謙一校注『明智軍記』を使用）にみえている。そこには、

十七歳に成りぬ、猿（秀吉のこと）、武士に仕えて、身の安否を決（さだ）めばやとて、清洲の工人青木勘兵衛と云う者の妻は、姨女なる故、此の事を語る、姨女感悦して一衣を代替え、真成（まめやか）に用意し、則ち青木に具せられ、参州へ趣き、奉公を励み、数年を歴て、生国に帰り、

とある（刊本六七頁）。同書は秀吉の生年を天文五年（一五三六）としているので、これは同二十一年の話になる。秀吉は武家奉公を志し、そのことを叔母の青木勘兵衛（重矩）妻に話し、その世話で衣服を用意してもらって、三河に武家奉公に出て行ったことが記されている。

「明智軍記」は江戸時代中期の元禄六年（一六九三）成立であるので、その内容は必ずしも信用性の高いものとはみられていない。しかし成立時期は遅いものの、秀吉の織田家出

仕の経緯に関する部分については、「太閤記」と共通する内容を記している。同書を参照しての記述とも思われかねないが、独自の貴重な情報もみられているので、共通の情報源をもとにしている可能性も想定される。その点については、第三章であらためて取りあげるとして、ここで注目しておきたいのは、叔母として青木重矩妻が登場していることである。これは「太閤記」にもみえていない独自の情報になるが、それゆえ逆に情報源の確かさをうかがわせる。

これによれば青木重矩は、清須で職人として存在していたことがうかがわれる。かつ苗字を称しているので、清須の有力住人の一人であったことがうかがわれる。秀吉父の妙雲院殿は、清須織田家に奉公していたとされた。その天文二十一年時点では、清須は依然として清須織田家の本拠であった。妙雲院殿の妹が、清須城下居住の有力職人と結婚したことは十分に想定できることとみなされる。もっとも青木重矩と妙雲院殿妹との結婚時期については、追究する手掛かりすらない。妙雲院殿の生前か死去後かすら判断できない。

ともあれこれらのことをもとにすると、青木重矩は清須城下居住の有力な職人であった可能性が高い。当時の史料所見はないので、重吉が秀吉家臣となった頃には、死去していた可能性が高いとみられる。忌日は七月九日で、法号を南昌院殿といったとみられる。そしてその妻で、重吉の母は、重吉死去から三年後の慶長八年十一月十一日に死去し、法号を光岩院殿といった、とみておくことにしたい。

父方の叔母・福島正信妻、正則母（松雲院）

福島正則の父は、市兵衛尉正信といい、当時の史料にも所見されている。天正十二年（一五八四）六月から同十三年三月まで（秀吉一一一一・一三八二）、秀吉家臣として存在していて、同十二年の小牧・長久手合戦では、秀吉旗本を構成する一人として、三〇〇人もしくは二五〇人を率いている（秀吉一二八六～九〇・九五～一三〇一・〇五～〇九）。この時、生駒親正《ちかまさ》の軍役人数は四〇〇人で、その知行高は二千石であることから（秀吉一一五二）、同じ割合での軍役であったとしたら、正信の知行高は千五百石くらいであったと推定されるだろう。ちなみにその時点で、正則は別個に直臣として取り立てられていて、知行五千石を与えられていた（秀吉七八五～六）。

正信についてその後の動向はみられないので、それからしばらくのうちに隠居したのだろう。正則子孫の江戸幕府旗本福島家が作成した「福島家系譜」（『広島県史近世資料編Ⅱ』所収）には、尾張海東郡花正庄二ツ寺村の住人で、慶長二年（一五九七）三月二十五日死去、法名冷照院清庵道泉といったことが記されている（同書四頁）。なお「諸寺過去帳中」所収「高野山過去帳」には、

道泉禅定門〈福島正則父、天正五年五月廿五日〉

道高禅定門〈福島与吉《よきち》、正則兄也、天正十三年五月十五日〉

とある。正信についての日にちは、その後の生存が確認できるので、逆修供養日と考えられる。注目すべきはその横に記されている、福島与吉の存在である。これについて「福島家系譜」には、正則の弟として「長則〈与吉郎〉」が記されていて、これにあたるとみなされる。実際には正則の兄であったととらえられるだろう。なお検証する必要があるが、ここからすると、正則は正信の庶子であったが、賤ヶ岳合戦での戦功によって、それとは別家を立てて、秀吉直臣として取り立てられた、という経緯を想定できるかもしれない。

その正則について、同系図には、

母秀吉の伯母木下氏、終年不知、建仁寺中葬于永源庵、松雲院洞室妙仙、

と記している。母の忌日は不明だが、法名を松雲院洞室妙仙といったことが知られる。注目されるのは、彼女は「秀吉の伯母」で「木下氏」であったとする内容である。ここから正則母は、秀吉父・妙雲院殿の妹であったととらえられる。ただしここで「木下氏」とあるのは、妙雲院殿が木下苗字を称していたという認識をもとにしたものとみなされる。しかし妙雲院殿は、木下苗字を称したとは考えられないので、その記載は、後世の認識をも

とにしたもの、とみなされる。

　もっとも正則の父母については、別の所伝もある。江戸時代後期の享保十二年（一七二七）成立という大道寺友山「落穂集前編」巻七に、正則について、

> 右政則（正則のこと）、秀頼卿の御流の端と有之義ハ、福島政則親父は尾州二寺と申所の住人にて新左衛門と申、是ハ秀吉卿の父木下弥右衛門と腹替の兄弟の由一説有之、

福島正則画像 東京大学史料編纂所所蔵模写

とあり、正則の父は、名を「新左衛門」といい、妙雲院殿（「木下弥右衛門」）の母親違いの弟、という所伝を紹介している。

　その他にも、福尾猛市郎・藤本篤氏（『福島正則』四頁）において、「藩翰譜」では「尾張国住人福島与左衛門某の嫡男」、「知新集」所引「福島記」では「尾州愛知郡の人で、父は三郎左衛門という番匠《ばんしょう》（大工）」、「盈筐録《えいきょうろく》」で

は「父は与左衛門とて卑賤の者」、「野史」が典拠にした「福島家系図」では、「父福島正光に子がなかったので正則を養って子とした」「実は星野成政の子である」などの諸説が紹介されている。

こうしてみると正則の出自については、実に種々の説があることがわかる。しかしながらそれらはいずれも、伝聞情報にすぎず、オリジナルの情報ではない。それらの当否を検証するには、元になった情報源を突き止めたうえで、内容について比較検討していく必要があるが、現時点ではその手段はない。したがってここでは、それらの諸説を伝える史料そのものをもとに検討するしかない。そうしたなかでもっとも信用性を認められるのは、子孫での所伝といえるだろう。そのためここでは、「福島家系譜」の所伝をもとに、福島正信の妻、正則の母は、妙雲院殿の妹ととらえておくことにしたい。

そのことは、福島正則が、秀吉直臣の立場にあったなかで、青木重吉とともに、侍従に任官され公家成大名とされて、それにともなって羽柴苗字を与えられたことと、十分に整合すると考えられる。

また福島正信の居住地は、海東郡二ツ寺村（あま市二ツ寺）であったとされる。福島家の家伝にみえるだけでなく、「落穂集前編」にもそのように記されていることからすると、ほぼ事実ととらえてよいと考えられる。同所は、妙雲院殿の居住地の中村よりも清須に近いことからすると、妙雲院殿が清須城に出仕し、あるいは清須城下に居住していたなかで、福島正信と知り合い、婚姻を結んだと考えられるかもしれない。

もっとも正則の誕生は永禄四年であるから、正信と妙雲院殿妹の松雲院の結婚は、永禄二年以前のことと推測される。正則が第一子であったなら、結婚はその頃のことと思われる。ただし先にみたように、正則に兄与吉が存在していたら、結婚はさらにさかのぼることになろう。仮に与吉を正則よりも二歳年長とみて、永禄二年頃の生まれとみると、正信と松雲院の結婚は、弘治三年（一五五七）頃と推定されることになる。

とはいえその時期では、すでに妙雲院殿は死去していたから、その結婚に妙雲院殿が関わったことは考えられない。このことは、青木重矩妻についてもあてはまるだろう。それらの結婚が、どのような経緯で成立したのかは、今後検討していかなくてはならないだろう。もっとも福島正信と松雲院の結婚については、青木重矩妻が、清須に居住していたということからすると、彼女がそれを取り持った可能性はあるかもしれない。

母方の叔母・杉原家次妻

ここからは天瑞院殿の妹について取り上げていく。天瑞院殿の妹として確認できるのは、杉原家次妻（生没年未詳）と小出秀政妻（栄松院、?～一六〇八）である。ともに生年は判明しないが、夫についてみると、杉原家次は享禄四年（一五三一）生まれ、小出秀政は天文九年（一五四〇）生まれなので、杉原家次妻が姉、小出秀政妻が妹であったと考えてよいだろう。さらに夫の年齢をみると、両者は天瑞院殿とは、かなり年の離れた妹であったと推定される。二〇歳以上は離れていたと推測され、そうすると母は違う人、すなわち異母の妹であった可能性が高いだろう。

杉原家次妻が、秀吉の叔母にあたったことを伝えているのは、「祖父物語」である。

七郎左衛門とて清須にレンジャクあきないして居ける者あり、これは藤吉郎伯母ムコなり

とある(刊本三二五頁)。これによれば家次は、清須で連雀《れんじゃく》商人として存在していたという。この杉原家が、秀吉の叔母婿であったことはほかにもみえていて、桜井成広氏が紹介している「青木家の系図書」に、「兼員の長女は杉原七郎左衛門家利の妻」とあるといい、それによれば天瑞院殿の姉が、家次父の家利の妻であった、としている。

これはいずれかが誤伝と考えたほうがよいだろう。もちろん姉が家利と結婚し、年の離れた妹が、その嫡男・家次と結婚する、ということが全く想定できないわけではない。しかし「祖父物語」「青木家の系図書」がともに、どちらかしか記していないことをみると、どちらかが混同による誤伝とみるのが適切と考えられる。その場合、いずれの史料が信用性が高いか、ということで判断することになるが、両者を比較した場合、成立事期が判明

し、かつ江戸時代前期におけるものである、「祖父物語」を選択するのが妥当と考えられる。「青木家の系図書」の内容は、青木重矩妻にしても加藤清忠妻にしても、必ずしも正確な所伝ではないから、杉原家の妻についても、同様にとらえてよいと考えられる。

杉原家は家利の祖父の代から尾張に居住したと伝えられ、また家利は「七郎兵衛」を称したと伝えられているが（『寛永諸家系図伝第七』一二頁）、家次以前について具体的な動向は確認されていない。詳しいことは第三章で検討するが、家利には嫡男がなかったので、長女（朝日殿）に婿をとり、婿は杉原助左衛門尉道松を称し、次女（七曲殿）を織田弾正《だんじょうの》忠《じょう》家家臣の浅野長勝と結婚させていたが、その後に家次（一五三一〜八四）が生まれたので、家次が当主とされ、道松の子家定（一五四三〜一六〇八）は別家を立てたと推定される。

「祖父物語」では、家次は清須に居住していたように記されている。その一方で、その姉婿であった杉原道松の娘である木下寧々《ねね》は、「太閤素生記」には、「太閤本妻は同国朝日郷の生まれ」（刊本三二二頁）とあるし、その実母については「朝日殿」と称されていて、それは居住地に因む通称とみなされるので、杉原家の居住地が朝日村であったことは確かと考えられる。そうすると家次は、秀吉が織田家家臣になる頃まで、出生地の朝日村から出て、清須に移住していたのかもしれない。

「祖父物語」によれば、秀吉は織田家臣になった当初のことであろう、藤吉小竹の時は七郎左衛門を主の如くあいしらいけるが、七千石の主となりて、七郎左衛門を呼びよせ、七百石とらせ、末々何ほど大名になりたるとも拾分一とらせんと約束して、オトナにしたりける、

とあり、青年期に極めて親しくしていたことがうかがわれる。

家次については、天正二年（一五七四）閏十一月十日付の秀吉書状（秀吉一〇七）に、副状発給者としてその名がみえているのが初見であり、仮名《けみょう》弥七郎でみえている。その時には四四歳になっていて、秀吉の重臣になっていたことが知られる。同五年六月まで仮名でみえているが（秀吉一三八）、同九年正月からは官途名七郎左衛門尉でみえるようになっている（秀吉二九〇）。そして同十一年の賤ヶ岳合戦後に、秀吉から近江坂本城主に据えられたとされ（秀吉六三七など）、八月一日に知行三万二千石余を与えられ、また近江で秀吉直轄領二万石余を預けられている（秀吉七七〇～一）。しかし同年八月十七日が史料上の所見の最後になっていて（秀吉八〇三）、同十二年九月九日に五四歳で死去した。法名は浄庵といった（前掲書五頁）。

家次の子には、長女の真崎兵庫《ひょうご》妻、次女で甥《おい》にあたる木下家定の妻（雲照院殿、?～一六二八）、三女の伊東与一郎妻、嫡男の長房（一五七四～一六二九）があったという（福田

前掲『高台院』一八頁）。そのうち雲照院殿は、生年は判明しないが、家定次男の利房（一五七三～一六三七）を天正元年（一五七三）に産んでいるので、その時に二〇歳とみると、その生年は天文二十三年（一五五四）頃と推定される。その場合、家次の嫡男・長房とは二〇年ほどの違いがあるので、長房は庶出であったと推定され、雲照院殿は、正妻であった天瑞院殿妹の生まれと推定できるだろう。

そうすると家次と天瑞院殿妹の結婚は、天文二十一年頃と推定される。その時期、秀吉はまだ織田家に仕官していなかったと考えられるから、その結婚は、天瑞院殿の父・関兼《かね》員《かず》の計らいによった可能性が高いとみなされる。そうであれば関兼員は、杉原家と知音であったことがうかがわれる。

家次の妻については、天正四年五月に近江竹生島《ちくぶ》（長浜市）への寄進者として、

「杉原弥七郎家次」「同内方」「杉原小六郎」「〈杉原〉御満丸・同一郎との」

の名がみえている（「竹生島奉加帳」。全文は『近江国古文書志　第1巻東浅井郡編』五七九～八三頁、大阪城天守閣・長浜市長浜城歴史博物館編『豊臣家ゆかりの〝天女の島〟』〈二〇二〇年〉一一三～五頁）。

「同内方」とあるのが、天瑞院殿妹の可能性もあると思われるが、その一方で、すでに嫡

男となる長房が生まれていることからすると、それ以前に死去していて、ここにみえる「内方」は、後妻の可能性も考えられる。また同時にみえている小六郎・御満丸・一郎については、全く判明しないが、登場の仕方からみて家次に極めて近い存在と推測されるので、早世した子どもの可能性もあるかもしれない。

このように天瑞院殿妹の家次妻については、確かなことはほとんどわからない状態といえる。雲照院殿が実子であったとした場合、彼女が生まれた天文二十三年頃に二〇歳と仮定すると、その生年は天文四年(一五三五)頃と推定される。しかしそれでは、天瑞院殿の子の瑞竜院殿や秀吉とほとんどかわらない年齢になる。その一方で、家次とは四歳違いになるので、可能性はないとはいえない。その場合、天瑞院殿とは一八歳違いになる。実際はどうであったのかは不明としかいいようがないが、天瑞院殿の父・関兼員がその頃まで生存していた可能性は、十分に考えられるので、ありえないことではないかもしれない。

母方の叔母・小出秀政妻(栄松院)

小出秀政の妻が、秀吉の叔母で、かつ天瑞院殿の妹にあたることについては、「多聞院日記」天正二十年(文禄元年・一五九二)九月五日条(『多聞院日記四』三六五頁)に、

小出(秀政)は大政所の妹を女房にこれを沙汰す、

とあることによって確認される。彼女についてはほかに、すでにみたように、「駒井日記」文禄三年正月二十九日条（刊本九二頁）・同四年四月二十二日条（刊本二二六頁）に、秀吉ないし木下寧々の女房衆として「はりま御うち」「はりま殿内」とみえていた。文禄年間でも、秀吉の親類として扱われていたことがわかる。小出秀政とその妻については、近時、福田千鶴氏（「小出秀政に関する基礎的研究」）が具体的な検討をおこなっている。以下ではそれを参照しつつ、みていくことにしたい。

小出秀政の妻は、「小出氏系譜」に、秀政嫡男の吉政についての注記のなかで、

母秀吉公伯母、慶長十三年戊申十二月十三日卒、法諡栄松院日寿

とあり、慶長十三年（一六〇八）十二月十三日死去、法名を栄松院日寿といったことが記されている（『園部町史史料編2』四頁）。そのため以下では、法号をとって、栄松院と記すことにする。

夫の小出秀政（一五四〇～一六〇四）は、中村の出身で、天文九年（一五四〇）生まれ。秀吉よりも三歳年少にあたる。かつて秀政について触れた際に、その年齢から、秀吉の従弟とみるのが妥当との推測を示したことがあるが（『羽柴家崩壊』）、当時の史料に叔母婿と

記されていることから、それは無用であった。小出苗字は、中村のうち上中村に多くみられているので（秀吉四七二四）、秀政は同地の出身とみてよいだろう。ちなみに秀吉は、「太閤素生記」には、中中村の出身と記されていたから、地域は異なっていたとみなされる。

妻の栄松院の年齢は判明しないが、夫の秀政とあまりかわらなかったと推定される。永禄八年（一五六五）に嫡男の吉政（一五六五～一六一三）を、次いで同十年に次男の秀家（一五六七～一六〇三）を産んでいて、吉政を産んだ時の年齢を二〇歳とみると、生年は天文十五年（一五四六）頃と推定される。しかしそれでは、天瑞院殿よりも三〇歳近く年少になり、また姉と推定される杉原家次妻の推定生年よりも一〇年以上も遅いものになる。そこで仮に次男・秀家を産んだ時に三〇歳と仮定してみると、生年は天文七年頃になり、杉原家次妻の推定生年より三歳ほど年少となり、状況としては整合するようになる。

その場合、栄松院は夫の秀政よりも二歳ほど年長になるが、そうしたことは普通にありえたので、その可能性は十分に想定できるだろう。そのためここでは、栄松院の生年は、天文七年頃と推定しておくことにしたい。そして嫡男の吉政を二八歳くらいで、次男の秀家を三〇歳くらいで産んだと推定しておきたい。なお秀政には、そのほかにも子があったが、この栄松院の年齢を踏まえれば、以下は庶出であったとみなしてよいだろう。嫡男・吉政誕生時、秀政は二六歳であった。その年齢も、嫡男誕生としては妥当とみることができるだろう。

栄松院については、天正九年(一五八一)十一月二十五日に、秀吉から「甚さいもん(小出秀政)にうほうかた(女房方)」、すなわち栄松院に、米三十石が支給されていることが知られる(秀吉三五八)。また福田氏によって、本名は「とら」であったことが明らかにされている。年月日未詳の「おとら」宛の秀吉自筆消息(秀吉五六〇六)は、かつて小出家に伝来されたものであることから、「おとら」が栄松院にあたると推定している。妥当な推定である。なお秀吉の「おとら」に宛てた自筆消息は、ほかにも、文禄三年五月に比定される四日付のものもある(秀吉四九一六)。

小出秀政と栄松院の結婚時期は判明しないが、栄松院が二〇歳の頃と推定すると、弘治三年(一五五七)頃になる。それより遅いという可能性は低いとみなされるので、結婚はまだ秀吉が織田家に仕官する以前のことであったと考えられる。そうするとこの結婚は、杉原家次妻の場合と同じく、天瑞院殿の父・関兼員の計らいによるものであった可能性が高いとみなされる。ただし秀政が中村の出身ということからすると、天瑞院殿の計らいによったと考えることもできるだろう。その場合には、関兼員はすでに死去していて、姉であった天瑞院殿が、妹の栄松院の結婚を取り計らった、ということになろう。

小出秀政の略歴

秀政は、天正三年八月十二日から秀吉の家臣としての動向が確認され、当初は官途名甚左衛門尉《じんさえもんのじょう》を称した（秀吉一一八）。実名のうちの「秀」字は、秀吉から偏諱を与えられたものとみなされる。同十五年十月十三日から受領名播磨守を称している（秀吉二三四九）。栄松院について「はりま殿内」などとみえていたのは、それに因んだものになる。福田氏によれば、天正年間（一五七三～九二）においては、後世に「蔵奉行」と称されるような、秀吉の蔵入りに関する諸事を判断する財政責任者の立場にあったことが推定されている。また寺沢光世氏（「秀吉の側近六人衆と石川光重」）は、この時期、秀政は「側近六人衆」を構成していたととらえている。

天正十三年に和泉《いずみ》岸和田城主になったと伝えられているが、明確な徴証は確認できないようである。文禄三年までに知行四千石を与えられていて、同年に和泉で六千石を加増されて、合わせて知行一万石を与えられている（秀吉四九四七）。その一方、嫡男の吉政（「小出小才次」）は、すでに天正十五年に和泉で知行六千石を与えられていて（秀吉二三三四）、それに関して福田氏は、父子で合わせて一万石を領していて、秀政は役方を、吉政は番方を担い、役割分担があった可能性を示唆している。またこれが、秀政を岸和田城主と伝えるものの実態であったとも思われる。ちなみに吉政は、文禄三年に播磨竜野領二万千五百石余に転封されていて（秀吉四九四八）、同時に秀政が和泉で加増された所領は、吉政の旧所領を中心にしたものになっている。

文禄四年八月には、秀次事件で改易された前野長康の旧領但馬出石《たじまいずし》五万三千石余に、吉政が転封され（秀吉五二四二）、同日、秀政も和泉で二万石を加増されて、合わせて三万石を与えられた（秀吉五二四〇）。これによって秀政は、以降は岸和田領三万石の小名として、軍役を負担することになった、ととらえられている。また木下寧々の所領の代官を務めていて、これは親族としての役割ととらえられている。秀吉生前は、その側近として存在し続けたが、慶長三年（一五九八）に秀吉が死去する直前、秀吉から大坂城番を命じられている（秀吉五八五六）。

同四年に羽柴家新当主秀頼が大坂城に移ってくると、秀政はその側近衆として存在し、大坂「町奉行」を務めていたことが確認されている。同五年の関ヶ原合戦によって、五奉行および「秀頼四人衆」が解体したのにともなって、片桐且元《かつもと》とともに当主秀頼の家老を務めるようになっている。こうして秀政は、晩年に、秀頼を補佐する存在になった。この時点で、秀頼の直臣で親族であったのは、秀政のみという状況にあった。秀政の家老就任は、それにともなうものととらえられる。しかしそれから四年後の同九年三月二十二日に、六五歳で死去した。法名は本光院陽雲日政といった。

天瑞院殿の従妹・加藤清忠妻、清正母（聖林院）

加藤清忠の妻・清正の母が天瑞院殿の従妹であったことについては、「清正記」（『改定史籍集覧第十五冊』六七五頁）に、

　太閤秀吉の母公と虎之助（加藤清正）母といとこなり、

とある。なおこれに関して、先に取り上げた「青木家の系図書」は、加藤清忠妻を天瑞院殿の妹と記していたが、この「清正記」の記載内容のほうが、信頼性は高いととらえられる。

「清正記」には、清正の祖父・加藤清信は、尾張犬山（犬山市）に居住していて、美濃斎藤利政（法名道三）に仕えていたとし、斎藤利政が織田「信長」と犬山で合戦した際に戦死したと記している。その時に、「鬼若」という男子があり、

　二歳なり、みなし子となり、母に養育せられ人と成り、尾州愛智郡中村と云う所に光陰を送る、後に弾正右衛門兵衛（清忠）と号す、弾正卅八歳にして死す、一人の男子有り、年三つ、虎之助と名つく、漸々母にそたてられ五歳迄は中村に住す、

とある。清正は永禄五年（一五六二）生まれなので、三歳の時というのは永禄七年にあたる。そして五歳というのは、同九年にあたる。清正が三歳の時に、父清忠は三八歳で死去したということから、その生年は大永七年（一五二七）になり、それが二歳の時は享禄元年（一五二八）にあたり、その時にその父清信は、斎藤利政に従って、織田「信長」との合戦で戦死した、という内容である。しかし享禄元年の段階で、斎藤利政は、その前身の長井家の当主にもなっていないし、ましてや織田信長も生まれていない。このことからすると「二歳」「年三つ」という、清忠・清正の年齢には誤記があるとみなされる。

加藤清正像（模本）
ColBase（https://colbase.nich.go.jp/）

清正祖父の加藤清信は、犬山に居住していたとされている。これは犬山織田家に仕えていたことをうかがわせる。犬山織田家は斎藤利政と連携していたから、斎藤家に仕えていたというのは、そのことをもとにした表現ととらえられる。そして織田「信長」との合戦で戦死したとされるが、ここでの「信長」は、その父信秀の誤りととらえられる。両者の合戦は天文十七年（一五四八）にみられているので、それはその時のことと推定される。その時に、清信の子清忠は、二歳ということからすると、天文十六年生まれと推定される。しかし正しくは、その後の清忠、清正の年齢をみると、一二歳であったととらえられる。したがって清忠の生年は、天文六年と推定される。

清忠は、母によって中村で養育されたという。文禄三年（一五九四）の時点でも、上中村には、小出苗字とともに加藤苗字が存在していることが確認されるから（秀吉四七二四）、具体的には上中村であったととらえられる。清信妻が、遺児・清忠養育のために上中村に居住したというのは、加藤家がもともと、同村の出身であったためと思われる。犬山での居住は、犬山織田家に仕えたことにともなうものだったと思われる。

その清信は、三八歳で死去したといい、天文六年生まれとすれば、それは天正二年（一五七四）のことになる。清正は永禄五年（一五六二）の生まれであるから、その時には一三歳になっている。したがって「年三つ」は、一三歳の誤記ととらえられる。

清忠が天正二年に死去したことについては、「古記集覧」〈中野嘉太郎『加藤清正伝』〈青潮社、一九七九年〉二頁〉に、

天正二甲戌年正月八日

浄心院殿閑雲日栖大居士〈清正公御父、俗名弾正右衛門、尾州中村に於いて逝去〉

慶長五庚子年五月十八日
　聖林院殿天室日光大姉　同御母公
　　私案肥後熊本高麗門妙永寺過去帳之に同じ、

とあることによって確認できる。したがってその時の死去年齢を三八歳とみると、生年は天文六年になり、先の推定とは合致する。したがって父清信が死去したのは、天文十七年のことで、その時に清忠は一二歳、清忠が死去した時、清正は一三歳であったととらえてよいだろう。

清忠の妻、清正の母、すなわち聖林院は、天瑞院殿の従妹であったとされる。聖林院の父方か母方かの区別は判明しないが、聖林院の父か母が、天瑞院殿の父か母のきょうだいにあたったとみなされる。天瑞院殿は、御器所《ごきそ》村の出身で、妙雲院殿と結婚して中村に居住したことを踏まえると、聖林院の父か母も、御器所村もしくは中村の出身で、加藤清忠と結婚したことが推測される。生年は判明しないが、嫡男清正を産んだ時に二〇歳とみると、それは天文十二年と推定される。

清正の秀吉仕官の経緯

加藤家は、武家奉公し、また苗字を称していることから、上中村では有力百姓の立場に

あったと推測される。清正は一五歳まで中村に居住し、そこから秀吉に仕えることになるが、それについて「清正記」は、

此れ故、虎之助の母おもわれけるは、木下藤吉殿今近江の長浜にて五万貫の領知をしろしめされ、豊なる体なり、此の子田舎にて育たらんには武士の作法も知り難し、只今秀吉を頼み奉らんと分別し、虎之助を召し連れ、長浜に至り着して、秀吉公母へ委細申し入れられければ、母公殊の外馳走まし〳〵、両人ともに藤吉殿御目に懸かり、母公の側にて養育なり、

と記している。父清忠が死去した時、秀吉はちょうど近江長浜領を領知する存在になっていたため、聖林院は天瑞院殿を頼って、秀吉に清正を仕えさせることにしたという。そして清正が一五歳になった時に、

則ち男になし、加藤虎之助と名付け、初めて百七十石の領知を給わり、奉公の身と成る、

と、秀吉のもとで元服し、所領百七十石を与えられた、と記されている。もっとも清正が

秀吉に仕えるようになったのは、正しくは一五歳の時とみなされるので、その年になって秀吉を頼り、すぐに元服して所領を与えられた、というのが実際の経緯であったと思われる。

聖林院が、天瑞院殿の従妹であったことで、清正の秀吉への仕官を天瑞院殿に依頼した、というのは、およそ事実とみてよいと考えられる。ただ従妹にもかかわらず、それまで秀吉への仕官を考えなかった、ということにもなる。その理由はわからないが、清忠はまがりなりにも、上中村の有力百姓として存在を続けていて、それが死去してしまったことで、清正はまだ若年のため、有力百姓としての立場を維持するのが難しくなったため、秀吉への仕官を考えるようになった、ということであれば、納得できるだろう。清正の秀吉への仕官の経緯としては、およそこんなところであったと思われる。

甚目寺村の「伯父」又右衛門

最後に、秀吉の父方か母方かは判明しないが、甚目寺村に居住していた「伯父」又右衛門について取り上げたい。これについては「祖父物語」（刊本三二五頁）に、

藤吉郎馬にのりける時、甚目寺の東北町に又右衛門と申す者、ホウロク商売せり、是は藤吉郎伯父なり、馬をかし玉へと有ければ、汝が様なる奉公人を親類に持てはむず

かしきものなり、節々よせぬか能などと終に馬を借ざりけり、甚目寺に御爪のはしの者あり、ホウロクをあきない浅ましき体にてまかり在る不便に候あいだ、御目見仕らせ度きと申せはしやつは、其の昔我に馬をかさざりし者なり、馬をだにかしたら今は国をもとらせべきものを、汝が百姓ならば米五俵とらせよ、伯父にてもあれホウロクをあきない候とも、土をもうり候とも御かまいなきとて直に御とおり玉う、

とある。

前段は、秀吉がすでに織田信長に仕えていて、信長が本拠を清須城から小牧山城（小牧市）に移した時のこととして記されているから、およそ永禄六年（一五六三）頃の話とみなされる。甚目寺村（あま市甚目寺）の東北町に、「ホウロク」（素焼きの土鍋）商売する、又右衛門という「伯父」がいたことが知られる。当時は「伯叔」の区別はなかったので、伯父なのか叔父なのか判断できないし、「伯父」としか記されていないので、それが父方なのか母方なのかもわからない。甚目寺は清須に近いことからすると、妙雲院殿の兄弟の可能性が高いであろうか。

秀吉は又右衛門を訪ね、馬を借りたいと申し出たが、又右衛門は、秀吉のような奉公人を親類に持って不快だ、といって拒否した、という。この感じだと、この時の秀吉の身分

は、まだ所領を与えられていない、奉公人身分とされていたとみなされる。又右衛門は、そのような秀吉の立場を快く思っていなかった、ということが知られる。

後段は、天正十八年（一五九〇）の小田原合戦の際に、秀吉が清須に着陣した時の話で、清須城代の「埴原加賀守」から、甚目寺に不敏な土鍋商売の者がいるので、御目見えして欲しいとの申し入れをうけて、引見したところ、「伯父」の又右衛門であり、かつて自分に馬を貸さなかったことを言い出して、その時に馬を貸していたなら、今なら一国を与えてもいたものを、といって、「伯父」ではあったが、米五俵を与えただけで、それ以上は関わらなかった、という。

これによれば又右衛門は、天正十八年までは生存していたということになる。秀吉と同世代であったとしても、すでに五〇歳を超えていたとみなされる。この話について、基本的には事実であったとすれば、秀吉の叔父・叔母などは、ほかにも存在していて、秀吉とは無関係に存在していた者もあったことが、十分に考えられることになろう。ここまで取り上げてきた、青木重矩妻（光岩院殿か）・福島正信妻（松雲院）・杉原家次妻・小出秀政妻（栄松院）・加藤清忠妻（聖林院）は、そうしたなかで、秀吉の出世をうけて、秀吉と密接に関わるようになった人々であった、ということになろう。

第三章　秀吉の織田家出仕と寧々との結婚

ここでは秀吉が織田家に出仕し、織田信長の直臣に成長していく経緯や、そこで木下寧々《ねね》（高台院、一五四九～一六二四）と結婚する経緯について、取り上げることにしたい。

秀吉と寧々との結婚については、小説やドラマなどでは、秀吉が寧々に一目惚れしたような設定で取り上げられることが多い。しかし当時は身分制社会であったから、そのような経緯で結婚がおこなわれることはない。では実際には、秀吉は寧々とどのような経緯で結婚したのであろうか。そのことを当時の秀吉をめぐる人間関係から迫っていくことにしたい。

秀吉の織田家出仕

秀吉の織田家家臣としての動向は、永禄八年（一五六五）が初見であり、美濃の武士に信長からの所領充行《あてがい》を仲介しているので（秀吉一）、その時には相応の所領を有する存在になっていたとみなされる。それ以前については、当時の史料では秀吉の動向は確認されない。そのためそれ以前の秀吉の動向については、「太閤記」「太閤素生記」「明智軍記」に記されていることをもとに考えざるをえない状況である。

「太閤記」には、織田信長に仕官してから、永禄八年頃までの秀吉の動向について、永禄元年九月一日に信長に、筑阿弥《ちくあみ》の子であることをもとに直訴して、信長に仕えて、その後一、二年は、信長の側近くに仕える立場になかったので、信長の近習に近づいて、その用事を務めていたが、ある時に信長が犬山領に侵攻した際に、信長の目に止まって、以後は信長から直接に用事を命じられるようになり、その後のある時に、清須城塀修理の奉行を務め、永禄六年に川狩り合戦で一方の大将、盗人捕縛、薪奉行を務め、その後、同九年までの間に「万《よろず》の奉行」を務めた、と記されている（刊本一四〜二一）。

「太閤素生記」には、一八歳の時、すなわち同書は秀吉を天文五年（一五三六）生まれとしているので、同二十二年の時に、清須に出てきて、信長の「小人」（奉公人）に「ガンマク・一若」という小人頭《こびとがしら》が二人いて、一若は中中村の出身のため、秀吉と知音の関係であったので、一若を頼んで信長に仕えて、草履取りとして奉公し、その後に「小人頭」に出世して、藤吉郎を称した、と記されている（刊本三一一頁）。

「明智軍記」には、永禄元年九月一日に信長に仕えて、「小人」（奉公人）になり、それに続いて、

同（永禄）四年八月廿日、清洲の御館塀崩れける、奉行能く勤むるに依りて、足軽に成され、在名なれば中村藤吉郎と号し、木下雅楽助《うたのすけ》が組となる、翌年五月中旬、濃州墨股《すのまた》にて福富平左衛門《へいざえもん》が金竜の笄《こうがい》を失うの時分、藤吉郎無実を蒙り、迷惑を致し、

色々智謀を廻らし、其の盗人を捕う、信長之を感じ給い、即時に召し上げ、所領三十貫文を下し置かれ、寄親の木下雅楽助に命じられ、名字を譲り、木下藤吉郎と名乗らしむ、其の後犬山にて一戦の刻、能き敵を討ちて加恩を賜り、百貫に成る、扨士大将に経上り、永禄七年正月の出仕には、数千の傍輩を越え、座上せられけるこそ由々敷けれ、

とあって、同四年八月二十日に清須城塀修理の奉行を務めて、その功で「足軽」になり、苗字《みようじ》を出身村名からとって「中村藤吉郎」を称し、信長馬廻衆の木下雅楽助の寄子《よりこ》に配属され、同五年五月に盗人捕縛の功で所領三〇貫文を与えられ、寄親《よりおや》の木下雅楽助から木下苗字を与えられて、「木下藤吉郎」を称し、その後（同六年のことか）に犬山での戦功で所領一〇〇貫文を与えられて「士大将《さむらい》」になり、同七年正月には、数千の朋輩を飛び越えて、信長への年頭挨拶で広間に着座するようになった、と記されている（刊本六七頁）。

それらのうち「明智軍記」の成立は元禄六年（一六九三）であり、時期は遅いものの、ここで紹介した部分に関しては、「太閤記」と共通する内容を記している。同書を参照しての記述とも思われかねないが、「太閤記」にはみられない独自の貴重な情報もみられているので、共通の情報源をもとにしている可能性も想定される。それについてはその都度取り上げることにするとして、ともかくも「太閤記」「明智軍記」によれば、秀吉は永禄

五年頃には、所領を有する信長の直臣になっていたことがうかがわれる。

「太閤記」「明智軍記」は、信長への仕官時期を永禄元年九月一日としている。それに対して「太閤素生記」は天文二十二年のこととしている。仕官の経緯について、「太閤記」は信長への直訴によるとし、「明智軍記」はそれについて記さず、「太閤素生記」は、小人頭・一若の紹介としている。一若は秀吉と同じ中中村の出身で、秀吉とも知音であったといい、状況としてはこちらが妥当と考えられる。すでに谷口克広氏（『秀吉戦記』）も指摘しているように、信長に直訴して、仕官するということはありえず、誰かからの紹介でないと仕官できなかったとみなされる。

なお谷口氏は、寛永十五年（一六三八）成立とされる「武功夜話」の内容も紹介していて、秀吉は、有力商人であった尾張小折《こおり》村（江南市）の生駒家に出入りしていて、当主生駒家長の妹「吉乃」の気に入りになり、「吉乃」は信長の妾《しょう》であったため、信長が生駒屋敷に訪れるなかで信長と見識を持ち、永禄元年九月に、「吉乃」の紹介で信長に仕えて、所領一五貫文を与えられた、とある。これについて谷口氏は、当初から所領を与えられたことについて、疑念を示している。そのほかの内容については、他の史料で検証のしようのないことといえる。

信長に仕える経緯としては、「太閤素生記」が記す、一若の紹介によるというのが、最も自然と考えられる。しかし時期については、にわかには決し難い。ただし天文二十二年とした場合、信長はまだ那古屋《なごや》城（名古屋市）を本拠にしていた段階なので、清須で奉公したというのは時期が合致しない。そのことから信長仕官の時期は、永禄元年のこととみてよいと考えられる。

当初の立場について、「太閤記」は、信長の側近くに仕えてなかったことのみを記すが、「明智軍記」はより具体的に、「小人」（奉公人）であったと記している。「太閤素生記」も、草履取りと記して、すなわち「小人」であったことを記している。所領を与えられる以前は、奉公人として存在したことは間違いないから、それらの内容は信用できるだろう。

それから永禄九年頃までの動向については、「太閤記」「明智軍記」が記しているだけである。「太閤記」は、永禄六年までの動向については、「或る時」とのみ記すにすぎず、時期を明記していない。前後関係から考えると、永禄三年から同五年にかけてということになるが、犬山領侵攻は同六年からのことなので（横山住雄『織田信長の尾張時代』）、時期は合致していない。それに対して「明智軍記」は、永禄四年八月に清須城塀修理の奉行、同五年五月に盗人捕縛、同六年頃のこととして犬山領侵攻での戦功と、それぞれの時期を明記していて、かつこの時期の信長の動向とも矛盾していない。そのためそれらについては、「明智軍記」の内容を、基本的には信用してよいと考えられる。

木下苗字の由来

「明智軍記」によれば、秀吉は永禄四年（一五六一）に、清須城塀修理の功により、「足軽」に成り、足軽衆寄親とみなされる木下雅楽助の寄子に配属されたという。ここでの「足軽」の内容が、江戸時代的な武家奉公人としての意味なのか、戦国時代的な下級兵士としての意味なのか、判断できないが、寄親に付属されていることからすると、後者の場合とみることができると思う。おそらく信長から寄親に「足軽給分」が与えられ、寄親から個々の寄子に給分が支給される在り方にあたった、と考えられる。その方式は、戦国大名の軍隊編成として一般的にみられたものになる。

それにあわせて注目されるのは、「足軽」になったことにともなって、苗字を称したことで、出身地の村名をとって「中村」を称した、と記されている。秀吉はそれまでは奉公人であったから、苗字を称していなかったはずである。しかし「足軽」という下級兵士になったことで、苗字を称することができるようになった。そこで苗字としたのが、出身地の村名の「中村」であったという。

秀吉の父・妙雲院殿も、かつて清須織田家に仕えていた時には、苗字を称していたであろう。しかしその後に没落してからは、苗字を称することができなくなっていたと思われる。秀吉は、自身が苗字を称するにあたって、父がかつて称したであろう苗字を称するのでなく、新たな苗字を称した、と考えられる。それは自身の地位が、父からの継承ではなく、自身が興したものであることを強く意識したから、と考えられる。

父までの家と、自身が興した家とが異なる場合、あるいは政治的地位が上昇したことで、それまでと異なる苗字を称する、ということは一般的にありえた。前者では、細川忠興《ただおき》が、父・藤孝が大原系細川氏であったのに対して、自身は細川陸奥守《むつのかみ》家の養子になって同家を継承した存在として、父とは別家と認識し、父が称した長岡苗字から、細川苗字に改称している事例があげられよう。後者では、それこそ秀吉が、織田家直臣から家老になったことで、木下苗字から羽柴苗字に改称したことがあげられ、そうした事例は、松平家康による徳川苗字改称、斎藤高政による一色苗字改称、伊勢氏綱による北条苗字改称など、多くがみられている。

またそれまで苗字を称していなかった者が、出身地の村名を苗字にすることも、戦国時代まででは一般的にみられたことであった。そのことからすると、ここで秀吉が中村を苗字としたことは、この時代の慣習にも適合することであり、蓋然性はかなり高いと考えられる。もしその内容が後世の創作であるならば、木下苗字を記せばよいだろうに、そこでわざわざ中村苗字を持ち出しているところに、真実味が感じられる。

ただし「明智軍記」は、秀吉の出自について、「中村弥助」という「土民」(百姓)の「下女」が、甚目寺の観音に参詣し、祈願して産んだ子で、父は不明、と記している。にもかかわらず、叔母《おば》として青木勘兵衛尉(重矩《しげのり》)の妻があげられているので、内容は整合しないように思われる。あるいは名目的には、「中村弥助」が父とみられたということであったことを伝えているのだろうか。

また苗字を称するにともなって、「秀吉」の実名を名乗るようになった、と考えられるだろう。「藤吉郎」の仮名については、「明智軍記」では特に触れていない。ちなみに「太閤記」では、信長の目に直接留まった時に、「木下藤吉郎秀吉」と自ら名乗った、と記しているが、それまで奉公人身分であった者が、そのように苗字・実名を称することはないから、その内容は信じられない。ただ藤吉郎の仮名は、奉公人身分でも必要であったから、少なくとも信長に仕えてからは、同通称を称した可能性は認められるだろう。

しかし「秀吉」の実名については、その由来は判明しない。織田家家臣には、秀字を冠した実名を名乗る者が多くみられているが、それらはたいてい、信長の父・信秀から偏諱《へんき》を与えられたものとみなされる。秀吉が、織田家家臣になったのが永禄元年のこととすれば、いうまでもなくそれに該当しない。当時の親類にも、秀字を冠した実名を名乗っている者はみられていない。また実名を名乗るようになった時点が、「足軽」になった時であれば、いまだ秀吉は信長の直臣ではなく、陪臣的な地位にあったことからすると、信長から与えられたということも考えられない。そうすると他の織田家家臣から与えられた、ということが考えられるが、具体的なことは不明としかいいようがない。

さて秀吉は、「明智軍記」では、永禄五年五月に、信長から所領三〇貫文を与えられ、信長の直臣に昇格し、それにともなって、信長の命令をうけて、寄親の木下雅楽助から、「木下」苗字を与えられて、改称した、と記されている。このことも他の史料で検証することはできない。しかし実際に、信長家臣に木下雅楽助は実在している。

「信長公記」に、永禄三年の桶狭間合戦の際に、敵兵の首をあげた者の一人として「木下雅楽助」があげられ（刊本五五頁）、同十二年の伊勢《いせ》攻めの際に信長の馬廻《うままわり》衆の一人として「木下雅楽介」があげられている（同九九頁）。その存在は、秀吉が木下苗字を称する以前からみられていた。信長家臣には、ほかにも木下助左《すけさ》衛門尉《えもんのじょう》祐久《すけひさ》・木下助右衛門・木下太郎など、秀吉とは関わりのない木下氏の存在があった（谷口克広『織田信長家臣人名辞典第2版』参照）。

そのように信長家臣に木下苗字を称する人がいたなかで、秀吉が新たに木下苗字を称するようになる、という事態をとらえた場合、それらと無関係であったとは考えにくい。むしろ木下氏の誰かから与えられたもの、というほうが筋が通っている。そうした際に、木下雅楽助から与えられた、と記されているのは、貴重な情報といわざるをえない。

そもそも木下雅楽助は、信長家臣としては決して著名な人物ではない。「信長公記」には二か所にしかみえていないし、「太閤記」にはみえていない。そのようにほとんど知られていない人物を、ここに登場させ、それから苗字を与えられた、とする内容は、創作できないことと思われる。それだけにこの内容は、真実味があるととらえられる。さらにあとで触れるが、木下雅楽助とは、別のつながりもみられた。秀吉が木下苗字を称したのは、寄親であった木下雅楽助から与えられた、と考えてよいだろう。

秀吉の木下苗字については、これまで、江戸時代に成立した創作物をもとに、かつて松下家に仕えたのでそれにあやかってとか、信長に仕えたのが木の下だったからとか、いかにも物語的な内容が語り伝えられてきていたが、いうまでもなくそれらは単なる物語上の創作にすぎない。実際は織田家家臣の木下氏から与えられたと考えるのが自然であり、それが寄親であった木下雅楽助から与えられた、とするのは、極めて納得のいく経緯といえるのである。

秀吉と寧々との結婚時期

秀吉は織田信長に仕官したのちに、木下寧々と結婚するが、それについて当時の史料で確認することはできない。すべて後世成立の史料をもとに考えていくほかはない。結婚の時期についての諸説は、寧々の養家であった浅野家が、江戸時代後期の寛政十二年（一八〇〇）から編纂を開始した家譜史料の「済美録《せいびろく》」にまとめられている。その内容については、福田千鶴氏（『高台院』二三～五頁）によってまとめられている。

「済美録」には、結婚時期と経緯について、三つの説が記載されているという。結婚の経緯については、あとであらためて検討するとして、ここではその内容を確認しておくだけにしておく。

一つは、「武家筆記」「旧記伝語」などにもとづく説である。永禄八年（一五六五）八月三日に、浅野長季《ながすえ》（長勝の兄あるいは父とされる）・柴田勝家・大橋重賢《しげかた》（尾張津島の「有徳人《うとくにん》」）が、長勝の娘と秀吉を婚礼させる段取りを整え、長季の居宅で河野善左衛門《ぜんえもん》と高間小左衛門《しょうざえもん》が取り持ちになり、織田信長から恒川久蔵《きゅうぞう》を使者として黄金一〇両（約百万円）・腰刀の祝儀が贈られた。事前に長勝が「長生院」（屋々・浅野長吉妻）に婚礼の相談をすると、秀吉に私の「妹」（正しくは姉）を遣わすのは「是非もなし」と落涙したので、「殿（信長）の思し召し」がよいので、末々は長勝が秀吉の門に馬を繋ぐことになるだろう、となだめた、というものである。

二つは、「木下家系図」をもとにした説で、永禄八年三月三日に、信長が前田利長（利家の嫡男）に命じて、秀吉と寧々の婚姻を実現させた、というものである。これについて「済美録」の編者は、利長は利家の誤りと修正している。

三つは、正徳二年（一七一二）成立の「浅野考譜」にもとづく説である。永禄四年八月三日に、前田利家が媒酌をし、長勝兄の浅野長季の家に宅を構え、秀吉を置いて婚礼を整えたとする。婚礼には、河野善左衛門妻と高間小左衛門妻が接待し、信長はこれを聞いて、恒川久蔵を使者として長勝に腰刀を送り、長勝はこれを引出物とした、というものである。

時期については、永禄四年八月三日説、同八年三月三日説、同年八月三日説と、三つに分かれている。ただし大きくは永禄四年説と同八年説に分けられるだろう。同八年説は、三月三日説と八月三日説とに分かれているが、前者は誤認とみなされ、八月三日説でまとめられるだろう。永禄四年説の場合、秀吉は二五歳、寧々は次にみるように天文十八年(一五四九)生まれなので一三歳、永禄八年説の場合、秀吉は二九歳、寧々は一七歳になる。

結婚の時期については、この永禄四年説と同八年説しかみられていない状況にある。そのためいずれかを選択するのでよいと思われる。それについて福田氏は、「この頃の武家社会の女性は、十三歳を機に成人になる例が多い」ことをもとに、寧々が一三歳で結婚したことになる永禄四年説を採用している。そのような認識が存在したことは確かめられるものの、私の調査によれば、戦国大名家の女性の結婚年齢は一八~九歳の事例が多い(拙著『家康の正妻 築山殿』四〇頁)。このことからすると、一七歳にあたった永禄八年の可能性も十分に想定できる。

いずれに決するのかは、もちろん断定できない。その場合には、周囲の状況から推定していくしかない。永禄四年の場合、秀吉の立場は、先の検討をもとにすると、木下雅楽助の寄子で、「足軽」給分を支給されていた状態にあったとみなされる。対して同八年の場合には、所領一〇〇貫文(全額租税収取した場合は約一千万円)を有した「士大将」の立場にあった。前者の場合では、結婚できるような家計財政にあったのか極めて疑問に思われる。また婚礼に際しては、どれについても信長家臣の関与が伝えられ、三つのうち二つの場合で、信長から祝儀が贈られていた。こうした事態が可能だったのは、秀吉が信長の直臣の立場になっていたからとしか考えられない。そしてそれは、永禄八年にしか該当しない。

これらのことを踏まえると、秀吉と寧々の結婚は、永禄八年八月三日のこととととらえるのが妥当と考えられる。では結婚にいたる経緯は、どのようなものだったのだろうか。その前に結婚相手の寧々と、それを取り巻く人びとについて取り上げていくことにしたい。それをみていくことで、おのずと結婚にいたる経緯がみえてくると思うのである。

寧々の生年と本名

寧々の生年については、福田氏によって、天文十八年（一五四九）であることが確定されている。旗本木下家伝来の「高台院画像」（名古屋市秀吉清正記念館所蔵）の賛と、「寛永諸家系図伝」所収木下系図（『寛永諸家系図伝第十四』所収）の記載によっている。

本名について、これまで「寧々」と記してきた。それについて福田氏は、木下家伝来の系図史料に「ねい」「於祢居」とあることなどをもとに、「寧（ねい）」とするのが妥当という見解を示している。なおそれについては、それより以前に堀新氏（「北政所の実名」堀新・井上泰至編『秀吉の虚像と実像』所収）によって、天正十三年（一五八五）十一月二十一日付秀吉自筆掟書（秀吉一七五七）に、「お祢ヽ」と記されていることから、「ねね」であることが主張されていたが、それについて福田氏は、書き間違いの可能性、愛称的な表記の可能性もあるとし、木下家関係系図に一様に「ねい」と記されていることを尊重して、「ねい」が妥当とみている。

「ねね」なのか「ねい」なのかは、にわかには決し難い状況にある。当時の史料での表記と、木下家における共通した伝承という、いずれも明確な根拠が存在しているからである。しかしながら当時の史料で「ねね」が確認されることは、やはり大きいと思われる。当時の史料では、その他の場合にみられているのは、略称の「ね」だけであった。そのため以前は、寧々の実名は「ね」と考えられてきたこともあった。しかし「ねね」と表記する当時の史料の存在によって、「ね」はその略称とみることが可能になる。すなわち「ねね」の愛称が「おねね」であり、その略称が「おね」になり、「ね」の部分は発音としては

豊臣秀吉室［浅野氏・高台院湖月心公］画像（法体）東京大学史料編纂所所蔵模写

「ねい」「ねえ」になることだろう。そうすると「ねい」は略称を表記したもの、とみることもできるだろう。この問題については、なお確定できないと思われるが、ここでは以上のことから、本名は「寧々」ととらえておくことにする。

また寧々は、これからみていくように、叔母婿の浅野長勝の養女になっていて、そのもとで秀吉と結婚している。そのためその段階での寧々は、「浅野寧々」であった。しかしその後に、実兄の木下家定を実家として扱うようになっていて、福田氏も指摘しているように、寧々の死去後に、その遺領を継承した利次（家定次男利房の次男）は木下苗字を称したから、最終的には「木下寧々」と、木下苗字を称していたと考えられる。このことはある段階で、浅野家とは離縁して、兄の木下家を実家とするようになったことを示している。ただしその時期について、ここで追究する余裕はないので、その糺明は今後における課題としたい。ともあれ本書では、寧々については、そのことから基本的には「木下寧々」と記していく。

父杉原道松と母朝日殿

寧々の実父は、杉原助左衛門尉道松（法名）で、母は杉原七郎兵衛家利の娘・朝日殿である。道松について、実名を「定利」にあてている系図史料もあり、そのため「定利」が踏襲されることが多いが、最も古い系図史料の「寛永諸家系図伝」には、法名道松しか記されていない。このことから跡部信《まこと》氏（前掲「天下人秀吉の出自と生い立ち」）は、「家利」と「家定」（道松の子）から一字をとった後世における合作とみる見解を示している。何よりも「寛永諸家系図伝」に記載がみられていないことからみて、そう考えるのが妥当である。そのため以下でも、寧々の実父については、法名道松で記していく。

道松について当時における史料所見はない。しかし「諸寺過去帳上」所収「高台寺過去帳抜書」に、

高台寺殿父
隆勝寺殿貞庵道松居士〈文禄癸巳二月六日〉

とあることから、文禄二年（一五九三）二月六日に死去したことが知られる。とはいえその間に、寧々の実父であるにもかかわらず、全く史料に登場していないというのは、不思議な感がある。あるいはその日付は

杉原助左衛門室（朝日局・秀吉室生母）画像（法体）東京大学史料編纂所所蔵模写

供養日で、実際の死去年はもっと以前であったということも考えられる。しかし現在、そのことを探る手段はない。なお一部では、信長家臣としてみえる「木下助左衛門尉祐久」にあてる見解もみられるようであるが、動向は合致しないので、成り立たない（谷口前掲『織田信長家臣人名辞典第2版』参照）。

寧々の実母は、その妻で、杉原家利の娘で、「朝日殿」と称された。当時の史料でも、すでにみてきたように「駒井日記」にその表記で記されていたし、「祖父物語」においても同様であった。さらに「太閤素生記」にも、

太閤本妻は同（尾張）国朝日郷の生まれ、父はたしかならず、同国津島の住浅野又右衛門姪なり〈幼名禰々〉、又右衛門妹の腹なり、母は後禰（称）名朝日殿と号す、

とあり（刊本三二一頁）、同様に「朝日殿」と記されている。

またここでは、彼女については浅野長勝（「又右衛門」）の「妹」と記されている。すなわち長勝妻（七曲殿）が姉で、朝日殿は妹、というのである。朝日殿と七曲殿の長幼関係については、「寛永諸家系図伝」所収杉原系図（『寛永諸家系図伝第七』所収）でも、そのように記されている。ただしそのことについては検証のしようがない。長勝・七曲殿夫婦、杉原道松・朝日殿夫婦のいずれも、生年が判明しないからである。

ただし朝日殿については、一定の推定は可能である。実子のうち、木下家定が天文十二年（一五四三）生まれであり、それが第一子であったとして、その時の朝日殿の年齢を二〇歳とみると、生年は大永四年（一五二四）頃と推定される。のちに杉原家の当主になる家次は、享禄四年（一五三一）生まれであったから、朝日殿の弟にあたり、朝日殿よりも七歳ほど年少であったとみられる。朝日殿の夫の道松の出自は判明しないが、杉原苗字を称したと伝えられていることからすると、杉原家の婿養子になった存在、ととらえられる。しかしその後に、家利に実子の家次が生まれたことで、道松は家利の家督を継ぐことはなくなった可能性が高いとみられる。

したがって道松は、当初は杉原家利の婿養子として、その家督を継ぐ立場にあったと考えられる。その場合、長女に婿を迎えるのが通例と思われ、そうであれば朝日殿のほうが姉にあたった可能性が高い。そのためここでは、朝日殿のほうが姉だったのではないか、と推測しておくことにしたい。

また寧々は、清須朝日村（清須市）で生まれたと記されていることから、杉原家は朝日村に居住していた、と考えられる。

朝日殿は、少なくとも夫の道松よりも長生きしていて、先の「高台寺過去帳抜書」には、

高台寺殿母堂号朝日

広徳寺殿松屋妙貞大姉〈慶長戊戌八月十一日〉

とあり、慶長三年(一五九八)八月十一日に死去したことが知られる。大永四年頃の生まれとすれば、七五歳くらいであったとみられる。これは秀吉が死去するわずか七日前のことになる。そうであれば寧々は、実母朝日殿を失い、続けて夫の秀吉を失った、ということになろう。

なおその間の文禄三年十二月四日に、孫にあたる木下家定の三男・延俊《のぶとし》(一五七七~一六四二)が長岡藤孝(幽斎《ゆうさい》)娘・加賀と結婚するにあたって、加賀を「御猶子」にしていることが知られる(「兼見卿記《かねみきょうき》」同日条〈刊本五巻一九五頁〉)。これがどのような意味にあるのか、確かなことはいいえない。今後の検討課題としたい。

養父浅野長勝と養母七曲殿

寧々はこれまでにも触れてきたように、浅野長勝の養女になっていた。長勝の妻は、杉原家利の娘で、実母の朝日殿の姉妹にあたり、のちに「七曲殿」と称された。その呼称は、すでにみてきた「駒井日記」にもみえていた。また「太閤素生記」にも、

浅野又右衛門妻は同国七曲りと云う人、故に禰〔称〕名七曲と号す、

とある（刊本三一二頁）。ここでは呼称の由来であった「七曲」は、地名として記されている。それはおそらく清須城下の「七曲」に因むと考えられ、浅野家は城下七曲に居住していたと思われる。その一方、同じ「祖父物語」は、浅野長勝について、「津島」（津島市）の住人と記していた。このことをみると、本拠は津島で、織田家家臣として存在するにあたって、清須城下七曲に居住していた、ということが考えられる。

浅野長勝については、「信長公記」にもみえていて、信長馬廻の弓衆三人のうちの一人として、「浅野又右衛門」の名があげられている（刊本五〇頁）。これによって長勝は、信長の馬廻衆であったことが知られる。長勝が清須城下に居住していた、とみなされることとも符合する。しかしこれ以外に、当時の史料所見はない。先に掲げた「祖父物語」には、秀吉から所領三千石を与えられていたが、信長の近江箕作城《みつくりじょう》（東近江市）攻めで戦死したと記されている（刊本三一二頁）。箕作城攻めは、永禄十一年（一五六八）九月のことになる。

ただし長勝の忌日については諸説あり、福田氏が示しているように、永禄十一年説（「祖父物語」）・同十二年三月二十一日説（「諸寺過去帳中」所収「高野山過去帳」）・天正三年（一五七五）九月十日説（「浅野家過去帳」）の三説がある。そのうち「高野山過去帳」の記載は、

金光前性禅定門〈浅野又右衛門、永禄十二年三月廿一日〉

というもので、「浅野家過去帳」の記載は、そのうちの「浅野御家暦代尊霊」に、

勝海院殿金光善性居士〈浅野又右衛門長勝公

天正三乙亥年九月十日御逝去

御廟洛東高台寺に現在す〉

というものになる。いずれの内容も優劣を付けがたいが、「祖父物語」がわざわざ箕作城攻めで戦死したと記しているのは、貴重な情報といえる。その視点でみていくと、「浅野家過去帳」にみえる忌日は、七周忌と考えれば整合する。何よりも月日が箕作城攻めでの戦死時期に合致している。そのためここでは、長勝の忌日は、永禄十一年九月十日と推定しておきたい。なおその場合、「高野山過去帳」の忌日は、約半年後における供養日と考えられるだろう。

また「祖父物語」では、長勝は秀吉から所領三千石を与えられていた、と記している。永禄十一年段階の秀吉の所領高については判明しないため、その当否について判断できな

い。とはいえ、養嗣子の長吉は天正九年（一五八一）になって、ようやく秀吉から所領五千石余を与えられていることをみると（秀吉三〇二～三）、それは考えがたいだろう。所領三千石を与えられていたとしたら、それは信長からであったと思われる。長勝の立場が、信長の馬廻衆のままであったとしたら、そうした事態は十分にありえたと思われる。

妻の七曲殿については、「駒井日記」の所見以降は、明確な所見はみられないようである。その時点では、寧々の親類として、またその女房衆として存在していたが、その後に、そのまま寧々の女房衆であり続けたのか、ある時点で致仕し、子孫の浅野家に扶養されたのか確認できていない。最後は浅野家で扶養されていたとみなされ、「高台寺過去帳抜書」に、

　号七曲〈ナ、マカリ〉殿、高台寺殿の伯母
　雲亮院殿宝林妙瑜大姉〈慶長癸卯四月十八日〉

とあり、慶長八年（一六〇三）四月十八日に死去したことが確認される。

長勝・七曲殿夫婦には実子が生まれなかった。そのため七曲殿姉妹の朝日殿の娘・寧々を養女に迎えたのだろうが、永禄八年に秀吉と結婚してしまった。長勝は、「寛永諸家系図伝」所収浅野系図（『寛永諸家系図伝第二』二五九頁）には、「男子なき故、二人のむすめ

を養いて、一女は秀吉に嫁し、一女は長政に嫁す」と記されている。もう一人の養女とされているのが、養嗣子・長吉（のち長政）を迎えた、寧々の妹とみなされる屋々（長生院殿）にあたる。それについてはあとで取り上げたい。

兄木下家定

ここから寧々のきょうだいについて取り上げていく。きょうだいとして知られるのは、兄木下家定、姉京殿（三雪全友妻・長慶院）、妹屋々（浅野長吉妻・長生院）の三人である。

兄の木下家定は、天文十二年（一五四三）生まれで、寧々より六歳年長にあたる。元服は弘治三年（一五五七）頃と推定され、その時には父と同じく杉原苗字を称していたのだろう。史料での所見は遅く、天正十五年（一五八七）九月二十四日に、秀吉から播磨《はりま》で所領一万千三百石余を与えられていることになる（秀吉二三一二）。この時には木下苗字、官途名孫兵衛を称している。その後、文禄四年（一五九五）八月十七日に、秀吉から播磨姫路領二万五千石を与えられていて（秀吉五二九一）、その時には受領名肥後守《ひごのかみ》を称している。

木下苗字は、秀吉から与えられたものととらえられ、「寛永諸家系図伝」（刊本十四巻八〇頁）にも、そのように記されている。家定についての所見が少ないため、授与された時期は判明しないが、おそらく秀吉がそれなりの所領を有するようになった段階で、秀吉の家臣になったと思われ、その際に秀吉から木下苗字を与えられたのではないかと思われる。

家定の仮名は不明であることからすると、あるいは秀吉の織田家家臣時代は、まだ杉原苗字を称していて、「竹生島奉加帳」に、杉原家次夫婦に続いてみえていた「杉原小六郎」が、家定のことという可能性もあるかもしれない。

慶長五年（一六〇〇）の関ヶ原合戦後は、徳川家康から備中足守《あしもり》領二万五千石に転封されたが、寧々付きとして寧々に近仕し、京都に屋敷を有していたことが知られ、同九年七月二日に二位法印に任じられた（福田前掲『高台院』一九頁）。そして同十三年八月二十六日に、六六歳で死去した。「高台寺過去帳抜書」に、

木下肥後守入道法印
常光院殿茂叔浄英法印〈慶長戊申八月廿六日〉

とある。

妻は、叔父の杉原家次の娘・雲照院殿であった。同じく「高台寺過去帳抜書」に、

茂寂紹英［木下家定］画像
東京大学史料編纂所所蔵模写

木下法印内室

雲松院殿齢岳永寿大禅尼〈寛永丙辰九月十八日〉

とあり、寛永五年（一六二八）九月十八日に死去した。なお寛永年間に「丙辰」の干支は存在しないので、それは「戊辰」の誤記になる。

家定には、「寛永諸家系図伝」では男子六人があげられて、同史料にはその母についての記載はみられていないが、「寛政重修諸家譜」（『新訂寛政重修諸家譜第十八』一七〇～一頁）では、母について記していて、六人のうち、雲照院殿の子と記されているのは、次男利房（一五七三～一六三七）・三男延俊（一五七七～一六四二）・五男秀秋（一五八二～一六〇二）の三人だけで、あとの三人については「母は某氏」と記して、雲照院殿とは別人としている。この情報は極めて重要といえ、これによって雲照院殿の実子は、利房・延俊・秀秋の三人だけで、あとの家定の子どもたちは庶出とみなされる。

利房は天正元年（一五七三）生まれ、延俊は同五年生まれ、秀秋は同十年生まれになる。先にも記したが、利房を二〇歳で産んだとみると、雲照院殿は天文二十三年（一五五四）頃の生まれと推定される。家定からは一一歳ほど年少にあたったとみなされる。家定との結婚は、利房が生まれる二年前くらい、元亀二年（一五七一）頃のことであったろうか。家定にはその時には、永禄十二年（一五六九）生まれの長男・勝俊（一五六九～一六四九）

がいた。雲照院殿と結婚する以前に、妾との間で生まれた子の可能性が高い。勝俊はその後、家定の嫡男として存在しているので、雲照院殿は家定との結婚後に、そのことを承認し、養子縁組したのだろうと思われる。

姉京殿（三雪全友妻・長慶院）

寧々には姉があり、「祖父物語」では「京どの」と記されていた。福田氏のまとめによれば、医者の三雪全友と結婚して、京都に居住した。慶長五年（一六〇〇）に京殿が開基として、妙心寺内に長慶院を開創しているというから、同年に出家して長慶院を称したと思われる。夫の三雪は、同寺開祖とされた妙心寺派の東漸《とうぜん》宗震の「俗弟」（在家）であったという。慶長三年六月十二日に死去し、法名を杏林院三折全友といったという。

長慶院についてはその後、慶長年間後半に、寧々と木下家の人びとと交流していた様子が、福田氏によって紹介されている。寛永二年（一六二五）正月二十三日に死去し、法名を長慶院寮岳寿保といったという。菩提寺の妙心寺長慶院には、「長慶院画像」が残されていて、貴重といえる。

死去年齢が不明のため、家定との長幼関係については判明しない。もし妹にあたっていたとしたら、天文十四年から同十六年頃の生まれとみることができるだろう。二〇歳になったのは、永禄七年（一五六四）から同九年頃のことになろう。三雪全友との結婚時期

三折全友夫人像 長慶院所蔵（写真提供 京都市）
『京都市文化財ブックス第11集　京都 近世の肖像画—市内肖像画調査報告書』より

も判明しないが、その頃であれば、家定も秀吉家臣になっていただろうから、秀吉家臣の関係者と結婚してもおかしくはないように思われる。また三雪全友が、京都居住の人であったとしたら、秀吉が信長のもとで京都奉行を務めた永禄十一年以降に、三雪と知り合い、結婚したということも考えられる。いずれにしても具体的なことは、ほとんどわからないといえよう。

妹屋々（長生院殿）

屋々（長生院殿）が寧々の姉妹であることについては、「太閤素生記」に、

政所姉、後奥と号す、後長成院、浅野弾正（長吉・長政）室なり、従弟夫婦、浅野左《さ》京大夫《きょうのだいぶ》（後紀伊守）（幸長《よしなが》）・同但馬守《たじまのかみ》（長晟《ながあきら》）・同采女正《うねめのかみ》（長重）母也、

とあることによって知られる。これによれば屋々は「奥殿」と称されたことが知られる。

またここでは「姉」とある。屋々の死去年齢については二説がある。一つは「浅野家過去帳」のもので、

同（浅野長政）御簾中　元和二丙辰年二月廿二日御逝去
長生院殿一宝宗玉大姉　　六十六歳

浅野長政室［長生院］画像
東京大学史料編纂所所蔵模写

とあり、元和二年（一六一六）に六十六歳で死去したとされていて、その逆算による生年は天文二十年（一五五一）になる。もう一つは、福田氏が指摘していて、「済美録」が引用している高野山悉地院《しつちいん》にある位牌《いはい》で、忌日は同じだが、死去年齢は「六十」とあるといい、それによる生年は弘治三年（一五五七）になる。し

たがっていずれにおいても、屋々は寧々の「妹」であったことになる。

生年については六年の違いがみられている。福田氏は、高野山悉地院位牌の内容を尊重して、弘治三年説をとっている。これについて判断は難しい。ちなみに天文二十年生まれの場合、長男・幸長（天正四年〈一五七六〉生まれ）を二六歳、次男・長晟（同十四年生まれ）を三六歳、三男・長重（同十六年生まれ）を三八歳で産んだことになり、弘治三年生まれの場合は、幸長を一九歳、長晟を二九歳、長重を三一歳で産んだことになる。これをみると天文二十年説は難しいように思われる。

もっともこれは三人の子が、屋々の実子であることを前提にしたものになるが、長男・幸長と次男・長晟の誕生に、一〇年空いていることをみると、幸長のみが屋々の実子で、長晟以降は、別人の所生で庶出であったという可能性も十分に想定できる。その場合には、次男以下は、屋々が年齢的に出産が難しくなってからの誕生とみるのが自然であり、その場合は天文二十年説のほうが妥当になる。何よりも長男と次男の間に一〇年空いていて、次男と三男の間は二年しか空いていないことをみると、次男以下は、屋々の実子ではなかった可能性が高いとみられ、そうすると天文二十年説が妥当と思われる。悉地院の位牌の「六十」は、「六」が脱落したものの可能性も想定できるだろう。

また屋々と浅野長吉の結婚について、「浅野考譜」には、同（永禄）十一戊辰年三月九日、右之長継（長吉のこと）を浅野長勝の養子聟として、娘お祢々と嫁す、則ち改め浅野弥兵衛尉長勝〔継〕なり、

とあり、また系譜部分には、長勝の子として長政（長吉）・寧々（「おや屋」）・屋々（「お祢ね」）があげられていて、屋々について、

母堂は樋口美濃守女也、永禄十一年戊辰三月九日団仁助の媒を以、長政と婚姻調いて浅野幸長・同長晟・長重・杉原長房の室・堀親良の室・松平定綱の室、都合六人の産母也、長政卒後に尼に成、長性院殿と号し給、食録三千石、元和三〔二〕丙辰年二月廿二日逝去す、法名は長性院殿一室宗玉大姉と号して、真壁の伝正寺に葬るなり、

と記している。ここでは寧々と屋々の名を取り違えているが、寧々が「ねね」であることは確実なのだから、屋々が「やや」にあたったとみなしてよい。そしてそれらには、結婚は永禄十一年（一五六八）三月九日のことと記されている。

結婚時期についての所伝は、これ以外に有力な情報は得られないので、これを信用するしかないだろう。この場合、天文二十年生まれだと一八歳と適齢であるが、弘治三年生まれだと一二歳になってしまい、年少すぎると思われる。夫の長吉は、天文十六年生まれで

あり、永禄十一年には二二歳になるので、結婚年齢としては適当である。これらのことから考えると、屋々の生年は、天文二十年とみるのが妥当と考えられる。

ところで先の記載には、屋々の母について、「樋口美濃守の女」と記されていた。それについては長勝について、「前室は美濃国たけくらべ地主樋口美濃守の女」「樋口三蔵の姉也、女子名お祢々を産んで後死去、法名は勝福院殿と号す」と記し、後室として杉原家利の娘・七曲殿を迎えた、と記している。これによれば屋々は、長勝の実子であったことになる。しかしそれでは「寛永諸家系図伝」で、二人の養女をとった、という内容とは明確に齟齬《そご》してしまう。そのためか福田氏は、屋々を先妻・樋口美濃守娘の連れ子ではないか、という推定を示している。

福田氏の場合、屋々を弘治三年生まれとみて、かつ連れ子とみているので、長勝と樋口娘の結婚は永禄元年以降のことになり、七曲殿との結婚は、さらに時期が下ることになってしまう。しかしこれは考えがたいだろう。もし所伝のように、屋々が先妻の子であり、その出産後すぐに死去した、ということをもとにすると、天文二十年生まれの場合はその直後、弘治三年生まれの場合はその直後に、七曲殿と再婚した、ということになる。

その場合、姉の朝日殿が大永四年（一五二四）頃の生まれと推定されたことをもとに考えてみたい。その妹とみて、五歳年少とみても、七曲殿は享禄二年（一五二九）の生まれになり、天文二十一年頃の結婚の場合は二三歳、永禄元年頃の結婚の場合は二九歳になる。

そのうち前者については成り立つ余地はあろうが、後者については難しいだろう。またその場合、屋々が先妻の連れ子というのは、先妻が屋々の出産後すぐに死去した、という所伝から考えると、難しいと思われる。

そうすると屋々は、長勝の実子であったのか、養女であったのかの二者択一になる。しかしこれについては判断し難い。いずれも典拠は系図史料だが、「寛永諸家系図伝」は、浅野家の系図としては最古にあたるからその内容の信頼性は高く、「浅野考譜」は、それよりかなり時期の遅い正徳二年(一七一二)の成立だが、樋口美濃守の所伝、樋口三蔵の姉という所伝、かつ法名までも所伝しているのであり、何らか典拠をもとにした所伝とみざるをえない。

もっとも「樋口美濃守」については、「たけくらべ」とあるので、これは美濃ではなく近江長比城《たけくらべ》(米原市)にあたり、そのため樋口は近江の樋口直房の関係者とみなされ、信長がそれと関係を有するようになるのは、樋口が信長に従属した元亀元年(一五七〇)以降のことになる。そうすると天文年間後期・弘治年間に、長勝が樋口氏と関係を有することは考えられない。したがってそれらの所伝は、何らかの誤伝とみざるをえないだろう。

そのためここでは、「寛永諸家系図伝」の所伝をとって、屋々については長勝の養女とみておくことにしたい。その場合、その実の両親は誰かが問題になるが、「寛永諸家系図伝」の記載の様子をみると、寧々の妹、すなわち杉原道松・朝日殿夫婦の娘とみるのが、もっとも妥当と思われる。それについて今後、明確に反証が得られれば検討し直す必要が生じるが、現時点ではそのように考えておくことにしたい。

また「浅野考譜」には、屋々と浅野長吉の結婚の媒酌人として、「団仁助」があげられていた。その人物については他の史料には全くみられていない。ただし織田家家臣のなかに、団平八郎忠正の存在が知られ、信長の馬廻衆の一人であった。団忠正は天正六年から所見されるというので（谷口前掲『織田信長家臣人名辞典第2版』参照）、「団仁助」の存在が確かであれば、その前代にあたるような存在であれば、その可能性はあるだろう。浅野長勝は信長の馬廻衆であったことからすると、その養嗣子の結婚を、同僚が媒酌人になることは十分に想定できると思われる。

屋々の夫・浅野長吉

屋々の夫の浅野長吉（のち長政、一五四七～一六一一）は、先に記したように天文十六年（一五四七）生まれで、寧々よりも二歳年長であり、屋々が同二十年生まれとした場合には、それより四歳年長になる。実父は、「寛永諸家系図伝」の長勝の項に（刊本二二五九頁）、「長政が父安井弥兵衛と親族なり」とあり、「安井弥兵衛」という人物で、かつ長勝と親戚関係にあったことが記されている。

これに関して「浅野考譜」にはさらに詳しく、長勝の妹に、「安井五兵衛《ごひょうえ》重継の室」をあげていて、これが「浅野弾正少弼《だんじょうのしょうひつ》長政の実母」と記している。なおそこでは、安井を近江小谷領の「地士」としているが、それは成り立たないだろう。別には、尾張丹羽《にわ》郡宮後《みやうしろ》村（江南市）の出身とする説もあり、江戸時代の浅野家でも判断しかねていたらしいが（黒田和子『浅野長政とその時代』参照）、近江との関係は考えられないので、宮後村の出身とみてよいだろう。

ここから長吉の父は、安井重継という人物で、母は浅野長勝の妹、浅野「又三郎長詮《ながあき》」（「浅野考譜」）の娘、とみることができるだろう。それが永禄十一年（一五六八）に、長勝の養女屋々と結婚して、浅野家の婿養子に入った、とみなされる。その時に長吉は、二二歳であった。そうするとすでに元服していて、通称と実名を名乗っていたと考えられる。通称は仮名を称していたと思われるが、それについては不明である。実名も、安井重継の子として、それに因む実名を名乗っていたと思われるが、浅野家の婿養子に入るにともなって、浅野家の通り字

浅野長政画像 東京大学史料編纂所所蔵模写

である「長」字を冠して、長吉に改名したと推測される。その際、下字の「吉」は、秀吉からの偏諱の可能性を想定できるだろう。秀吉にとっては義弟にあたることになり、そのため偏諱を与えたとみることは十分に可能だろう。またそうであれば、その時から長吉は、秀吉に与力として付されたか、秀吉家臣になったということも考えられる。

長吉の史料での初見は、天正元年（一五七三）十二月に、秀吉から知行百二十石を与えられているものになり（秀吉七四）、官途名弥兵衛尉でみえている。この時、長吉は二七歳になっていた。またこれによって、この時には明確に秀吉の家臣として存在したことがわかる。長吉はその後、秀吉の親族として重要な役割を担っていき、家老として存在していくことになるが、その事《じ》蹟《せき》はあまりにも膨大であるから、その内容については黒田和子氏（『浅野長政とその時代』）に委ねることにしたい。

寧々の学問指南の養雲院殿

秀吉と寧々の結婚の経緯を考えるにあたって、秀吉・寧々双方の親類以外に、重要な存在がみられた。一人は、すでに触れたように、秀吉の寄親として存在していた木下雅楽助である。もう一人は、寧々が「筆子」として学問指南をうけていたと伝えられる養雲院殿という人物である。そして木下雅楽助と養雲院殿はきょうだいであった。

寧々と養雲院殿の関係について、重要な所伝がある。それは「森家先代実録」（『岡山県史第二十五巻』所収）に記されている。同書は、江戸時代前期に美作《みまさか》の国持大名であった森家の家譜史料で、成立は江戸時代後期の文化六年（一八〇九）であるが、明確な典拠をもとに編纂されたものになる。その巻六（刊本九九頁）に、

太閤政所〈高台院殿〉父は尾州浅井庄浅野与七郎娘、幼名を祢々と云う、養雲院殿筆子にて、太閤木下藤吉郎たる時、御台御縁組の節、藤吉唯人にてなければ遣わされ候え、と因幡守《いなばのかみ》（那古屋敦順）与七郎へ差図これ有り、又信長公へも木下殿を執り成しを成され、又少々便にも成り候故、養雲院殿へ後家料として、摂津国《せっつのくに》の内於尾坂田知行遣わされ、京都四条今の屋敷にて一代結構自由成る暮らしにておわしまし、

と記されている。ここでは寧々の父については「浅野与七郎」としているが、これは又右衛門尉長勝のこととみなされ、その仮名だろうか。注目すべきはそのあとの部分で、養雲院殿の「筆子」であったことが記されている。「筆子」は、戦国時代には基本的に所見例はないが、江戸時代では、手習いの弟子のことである。ここから寧々が、養雲院殿から学問指南をうけていたことが知られる。

ちなみにそれに続いて、寧々が秀吉と結婚する際に、養雲院殿の夫の那古屋因幡守（敦順）が、浅野長勝に、秀吉との結婚をすすめ、さらにそれについて織田信長に取り成しし

養雲院殿関係系図

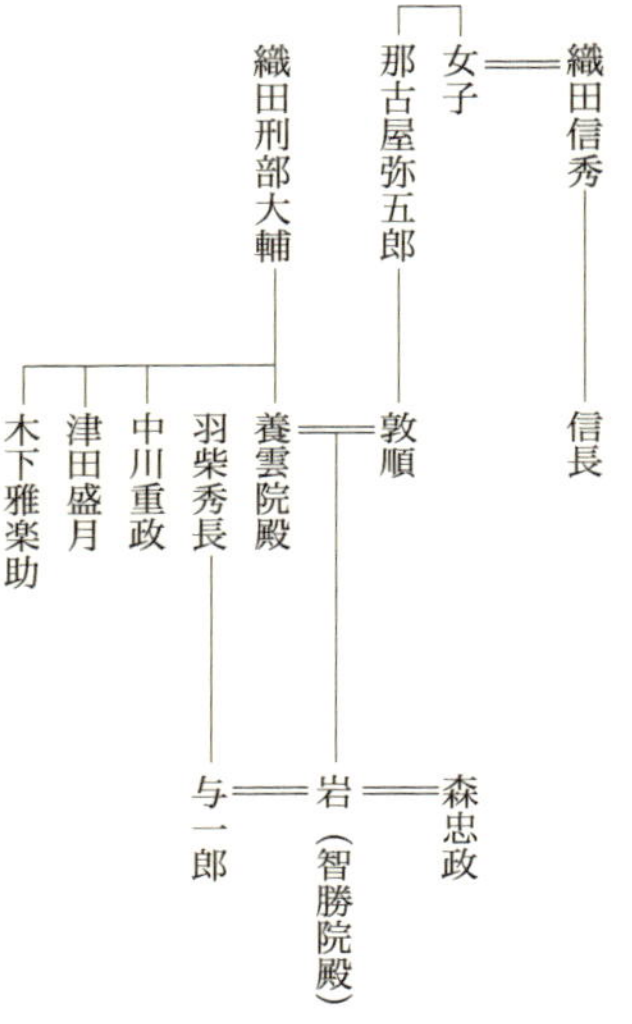

たことが記されている。これについてはあとで取り上げることにするが、秀吉・寧々の結婚にも深く関わっていたことが記されている。

では寧々の学問指南をおこなったという養雲院殿とは、どのような人物かというと、那古屋敦順（訓みは判明しないが「あつより」だろうか）の妻で、娘・岩（知勝院殿）は秀長の最初の嫡男「木下与一郎」の妻で、与一郎死去後は、秀長の養女にされて、美作の国持大名になる森忠政（一五七〇～一六三四）と再婚しており、羽柴家とは姻戚関係にあった人物になる。この知勝院殿については第六章であらためて取り上げるが、このことから森家に養雲院殿に関する所伝が残されたと考えられ、その内容の信頼性は高いとみることができる。

「森家先代実録」には、養雲院殿の出自については記されていない。それについて知ることができるのが、「続群書類従」巻一四二所収「織田系図」（『群書系図部集第四』所収）で、織田信秀の弟・信次の子に「刑部大輔《ぎょうぶたいふ》法名宗養」があげられ、その子に中川重政・「織田信勝」（津田盛月《もりあき》）・某（薩摩守・木下雅楽助）・某（善右衛門）・女子（養雲院殿）・女子（長雲院・竹中久作妻）・女子（森権大夫祖母）があげられていて、すなわち「織田刑部大輔」の娘であった。ただしそこでは、刑部大輔は信秀弟・信次の子に位置付けられているが、その子の津田盛月が、実際には信長と同年の生まれであるから、世代が合わず、刑部大輔は、信秀・信次と同世代にあたったとみなされる。そのため刑部大輔が、信次の子というのは何らかの誤認によるとみなされる。その出自は判明しないが、織田氏一族であることは確かと考えられる。

　養雲院殿は、信長家臣の那古屋敦順の妻となったと伝えられ、それとの間に、六人の子どもを産んだことが伝えられている。その内容は「森家先代実録」（刊本九八〜九頁）に詳しく記されていて、それによれば、長女（金森可重《よししげ》妻）・長男千丸・次男山三郎《さんざぶろう》・次女岩（知勝院殿）・三女（小沢彦八郎妻）・四女（各務《かがみ》藤兵衛《とうひょうえ》妻）であった。「織田系図」にも養雲院殿の子どもについてあげられているが、そこでは、長女（金森可重妻）・長男那古屋内膳・次女（知勝院殿）・三女（小沢彦八郎妻）・次男那古屋山三郎となっていて、二男三女の五人とされていて、「森家先代実録」にみえていた四女はあげられていない。多少の相違があるとはいえ、基本的な情報は一致しているので、それらの内容は基本的には事実とみることができる。それら那古屋敦順・養雲院殿夫婦の子どもたちについては、氏戸佳香氏（『那古野今川氏の「謎」』『今川名越家　誕生と滅亡』）が詳しく検討しているので、以下ではそれを参照しながらみていきたい。なお那古屋苗字について、「森家先代実録」は「名古屋」で表記しているが、当時の表記は「那古屋」なので、以下ではそれを用いていく。

ちなみに、養雲院殿の娘婿となったもののうち、金森可重は飛騨《ひだ》の領国大名、小沢彦八郎は、小田井《おだい》織田信張の弟という織田常知（又三郎）の娘婿・小沢主水正《もんどのかみ》の子といい（前出「織田系図」刊本一五一頁）、その後は秀吉の馬廻衆になり、次いで森忠政家臣になっていて、各務藤兵衛は森忠政の筆頭家老・各務元正の子、である。知勝院殿との関係から、美作森家との関係が深い人びとが多かったことがうかがわれる。

養雲院殿の生年は判明しない。その子どもについてみてみると、「森家先代実録」によって、次男の山三郎が元亀三年（一五七二）生まれ、「次女」とされている知勝院殿が天正三年（一五七五）生まれ、四女の各務藤兵衛妻（大林院殿）が同九年生まれであることがわかっている（刊本九七〜八頁）。しかしそれ以外については、判明していない。

長女は法号を茲弘院といい、元和元年（一六一五）閏六月十日の死去という。金森家に残された所伝では、はじめ「津田掃部《かもん》」と結婚し、文禄年間に離婚して、弟の山三郎のもとに居住し、金森可重に求められてそれと再婚した、という。金森可重（一五五八〜一六一五）は、金森長近の養嗣子で永禄元年（一五五八）生まれ。茲弘院は長近四男で嫡男になった重頼（一五九四〜一六五〇）を文禄三年（一五九四）に産んだというから、金森可重との再婚が文禄年間というのは整合している。

茲弘院は長近の六男・重義（一六〇三～一六七二）をも産んだとされる。その時の年齢を三〇歳とみると、生年は天正二年（一五七四）と推定されるので、彼女が養雲院殿の長女であったことは確かと思われる。さらに次男・山三郎の姉と伝えられていることからすると、山三郎誕生の二年前の元亀元年よりも前の誕生、しかも山三郎との間に、長男・内膳（千丸）の存在が伝えられていることからすると、さらにそれより以前の誕生と推定される。それぞれ二年ずつ誕生の期間が空いていたとすると、茲弘院の生年は永禄十一年（一五六八）、内膳の生年は元亀元年と推定される。なおその場合、内膳（千丸）は一九歳で死去したと伝えられているので、天正十四年（一五八六）頃の死去と推定されるだろう。

そのうえで養雲院殿の生年について推定してみると、長女・茲弘院を産んだと推定される永禄十一年に二〇歳とみると、生年は天文十八年（一五四九）になる。その場合では、次女・岩（知勝院殿）誕生の時は二七歳、四女・大林院殿誕生の時は三三歳になり、年齢的にも矛盾はないだろう。ただしその生年では、「筆子」であった寧々と同年齢になってしまい、そこに矛盾が生じる。養雲院殿は寧々の学問指南であったというのだから、少なくともそれより年長であったろう。仮に五歳年長とみると、四女・大林院殿を産んだ時には三八歳でぎりぎり推定可能だが、一〇歳年長とみるとそれは四三歳になり、実子とみるのは難しくなる。「織田系図」では、彼女だけ養雲院殿の子どもとしてあげていなかったことをみると、彼女は養雲院殿の実子ではなかった可能性も想定される。

それらを前提にしてみると、養雲院殿の生年を天文八年とみた場合、次女・知勝院殿誕生時には三七歳、三女・小沢彦八郎妻（桂雲院、娘・玉清院殿は金森重頼妻・頼直母と伝えられる）誕生時に三九歳になり、ぎりぎり推定可能と考えられる。養雲院殿とその子どもについては不明の部分が多いものの、養雲院殿の生年については、おおよそその頃のことと推定できるのではないか、と思われる。

「森家先代実録」によると、夫の那古屋敦順は、天正年間に、伊勢安濃津《あのつ》領の織田信兼（信長の弟）に「牢人」として扶持《ふち》を与えられていたが、文禄三年（一五九四）に信兼が秀吉によって改易されたのちは、伊勢のどこかに居住し、その後に死去したとされている（刊本九八頁）。養雲院殿はその後、先に引用した部分からすると、秀吉から後家領を摂津で与えられて、京都四条の屋敷に居住したという。そして同所で死去したという（刊本九七頁）。

養雲院殿の忌日は判明していない。秀吉から後家領、すなわち堪忍分を与えられていて、そのまま京都で死去した、とみられることからすると、それは秀吉生前のことと考えられるように思う。養雲院殿には、谷五右衛門・浅井五郎右衛門という二人の守役がいたが、その死去後は二人は森忠政に召し抱えられている（「森家先代実録」刊本九九頁）。

養雲院殿の夫・那古屋敦順

那古屋敦順については、養雲院殿の夫、山三郎や智勝院殿の父、ということに関連して史料にみえるだけで、具体的なことはほとんど判明していない。「那古屋因幡守」としては、当時の史料にも所見されない。ただし「織田系図」は元禄九年（一六九六）成立であり、そこにはすでに「那古屋因幡守敦順」と表記されていること、娘・知勝院殿の婚家の森家にもその所伝があること、さらに山三郎の子孫は加賀《かが》前田家の家臣となっていて、そこでも「因幡守敦順」と所伝されていることから、その存在は確実ととらえられる。なお加賀那古屋家は、その後に「名越」苗字に改称していて、家祖の「名越敦順肖像画」を作成している。同肖像画は、後世の作成だが、肖像画が残されていること自体は重要だろう（東京大学史料編纂所に模本が所蔵されている）。

名越敦順画像 東京大学史料編纂所所蔵模写

那古屋敦順については、当時の史料所見はみられていないものの、那古屋苗字を称しているので、尾張那古屋を拠点にしていた一族の関係者であることは容易に推測される。那古屋は、織田信秀の時に、織田弾正忠家の本拠にされるが、それ以前は今川那古屋家の本拠であった。今川那古屋家の嫡流はその時に滅亡するが、その庶家が織田弾正忠家の家臣になったとみられる。「慶長年間の名古屋村の図」(横山住雄『織田信長の系譜』八一頁)にも、「那古屋因幡殿屋敷跡」が記載されていて、その伝承が慶長年間にも継承されていたことが知られる。しかも同図には、那古屋の中心部には、今川那古屋家当主の「今川氏豊城跡」を記載していて、それとは別に敦順の屋敷跡を記しているので、敦順が本家滅亡後も、その有力一族として存続していたことがうかがわれる。

「信長公記」には、三か所に「那古屋弥五郎」が所見されている。まず天文十七年(一五四八)の三河小豆坂合戦で織田信秀軍に従い、戦死している。そこでは清須衆としてその名があげられている(刊本一八頁)。これによりその那古屋弥五郎は、清須居住の尾張国主・斯波《しば》家の家臣になっていたことが知られる。本家の今川那古屋家はこれより以前に滅亡しているので、その有力一族であった弥五郎は、その後は斯波家の家臣になっていたとみなされる。もし先の絵図のように、那古屋に屋敷を構え続けていたのなら、斯波家家臣の立場で、信秀領有下の那古屋に存在し続けていたことになる。この問題については、信秀の斯波家・清須織田家における在り方を考えるうえで重要な問題にもなるだろう。

次には、同二十一年頃のこと、信長が織田弾正忠家の当主になってからのことで、清須の斯波義統《よしむね》の家臣として、「十六・七若年」の那古屋弥五郎がみえていて、人数三〇〇人を有していたという（同前三二頁）。この弥五郎は先の弥五郎の嫡男とみなされる。一六、七歳というから、生年は天文五年、六年と推定される。最後は、永禄二年（一五五九）に信長が京都に上洛した時のこととして、「清須の那古屋弥五郎」の家臣・丹羽兵蔵がみえている（同前六〇頁）。この時には、弥五郎は信長の家臣になっていたことが知られる。

子の弥五郎については、当時の史料にもみえていて、尾張愛知郡円福寺に書状を出していて、正月十日付が二通（『愛知県史資料編11』一五六六〜七号）、正月十一日付が二通（同前一五七六〜七号）あり、「那古屋弥五郎勝泰」と署名していて、実名が勝泰であったことが確認される。実名のうちの「勝」字は、清須織田達勝からの偏諱と推定されるので、この勝泰は子の弥五郎にあたるとみて間違いなかろう。勝泰は当初、尾張国主・斯波家の直臣であったとみなされるが、その守護代・織田達勝から偏諱を与えられていたとみなされ、さらに若年ながら軍勢三〇〇人を有していたことから、所領高も多く、家格も高かったことがうかがえる。天文二十一年頃の所見は、家督相続の直後のことを指していたのだろう。そして斯波家の没落にともなって、信長の家臣になったと推定される。

しかし勝泰のその後の所見はないが、世代から考えて、これが因幡守敦順にあたると推定するのが妥当だろう。その後に受領名因幡守を称し、また実名を敦順に改名したのだろう。天文五年、六年生まれと推測されるから、秀吉とほぼ同年齢であった。

そして敦順は、織田信長と姻戚関係にあったことが伝えられている。「森家先代実録」

（刊本九八頁）に、

名古屋因幡守は、生国尾州、父は織田備後守信秀〈信長公の御父〉室の兄弟也、

とある。敦順の父、すなわち先代の那古屋弥五郎は、織田信秀妻のきょうだいであったことが記されている。先代弥五郎の姉か妹が、信秀の妻であったという。このことは他の史料によっては検証されないが、「織田系図」にも敦順についての記載がみられたこと、敦順が織田氏一族の織田刑部大輔の娘である養雲院殿と結婚することからすれば、事実であったとみてよいだろう。

信秀の妻としてはこれまで、主家・清須織田達定《みちさだ》の娘と推定される人物（拙著『お市の方の生涯』六三頁）、信長・信勝・信兼の生母の「土田《どた》御前」が確認されている。弥五郎の姉妹は、それとは別人であったととらえられよう。先代弥五郎の姉妹が信秀と結婚した時期は、敦順（勝泰）が生まれた頃に二〇歳くらいであったろうから、その年齢から推測すると、天文年間初め頃のことと思われる。それはちょうど信秀が今川那古屋家を滅亡させた時期にあたる。信秀は、同家の庶子家と婚姻を結んだということになり、それは那古屋領有にあたって、旧領主の今川那古屋家と融和のためであった、と推測できるだろう。

敦順は、信長に仕えていたが、「不足して」、すなわち何らか奉公に問題を生じさせたた

め、家臣から外されて、天正年間に伊勢安濃津領の織田信兼に、牢人として扶持され、千石を支給されたという（「森家先代実録」刊本九八頁）。敦順についての情報はそれくらいしかみられず、死去年や法名についても判明していない。

なお養雲院殿とは、彼女の生年が先の推定のように天文八年であったとしたら、およそ永禄元年（一五五八）頃に結婚したと推定されよう。それから元亀元年（一五七〇）までの間に、長女・茲弘院と長男・内膳が生まれたと推測される。茲弘院は、はじめ「津田掃部」と結婚したと伝えられていた。誕生を遅くみた場合の生年は永禄十一年（一五六八）になるが、それから二〇年後の結婚とすると、それは天正十五年（一五八七）頃のことになる。そうすると相手の「津田掃部」は、天正四年に北畠（織田）信雄に誅殺された津田掃部助《かもんのすけ》一安《かずやす》の嫡男で、同十九年から文禄元年（一五九二）にかけて秀吉の馬廻衆としてみえる「津田掃部助」（秀吉三六〇五・四二二五）にあたる可能性が高いとみられる。

ちなみにこの津田掃部助家は、「織田系図」では、小田井織田家の庶家としてあげられている。織田信張《のぶはる》（一五二七〜九四）の従弟に掃部助「忠寛《ただひろ》」があげられていて、その子に掃部助「忠寮」があげられている。その弟「彦四郎教貞」は天正十年六月に戦死したとされている。世代的にみると、一安は「忠寛」にあたり、茲弘院夫の掃部助は「忠寮」にあたると推測できるように思う。ただし掃部助の出自については、別説もあるようなので（谷口前掲『織田信長家臣人名辞典第2版』参照）、確定はできない。今後の検討が必要だろう。また茲弘院の結婚が天正十五年頃であった場合、第六章で取り上げるように、妹の知勝院殿の結婚よりもかなり遅いことになる。そのことをどのように解釈するかは、今後に残されることになる。

養雲院殿の兄弟

養雲院殿は、「織田系図」によれば、織田刑部大輔の娘であったとされる。当時の史料でその名は所見されないが、「織田信長黒母衣《くろほろ》衆・赤母衣衆書立」とでも名付けるべき史料がある（東京大学史料編纂所架蔵影写本「高木文書」所収）。まだ活字化されていないが、同史料の内容は、「武家事紀」巻一三（刊本上巻四八三〜四頁）に掲載されているのと同一である。字句に多少の異同はみられているので、本来ならば全文を紹介したいところだが、紙幅を費やしてしまうので、今回は省略する。注目すべきは、末尾に記載されている作成者についての記述で、

右、渥美　刑部丞《ぎょうぶのじょう》　入道曾干書之、

とあることである。「渥美刑部丞入道曾干」が、織田刑部大輔にあたるとみなされ、その実在に信憑性《しんぴょうせい》が感じられる。なお「渥美」は家号とみなされるが、その由来は判明しない。

尾張に渥美の地名は知られていないものの、素直に考えれば居住地を指していると思われる。入道名でみえるので出家していることからすると、晩年の作成かもしれない。その場合は、織田信長から致仕したのちにあたるだろうか。

そこには、信長の黒母衣衆一〇名・追加二名、赤母衣衆一〇名・追加七名の、計二九名が列記されている。黒母衣衆の筆頭は、河尻与兵衛《よひょうえ》（秀隆）で、それに続く二番目に、

後中川八郎右衛門と云、
織田駿河守《するがのかみ》

があがっている。すなわち刑部大輔長男の中川重政（生没年未詳）である。

中川重政は、永禄十一年（一五六八）から信長上洛後の京都支配を担い、元亀元年（一五七〇）からは近江安土の地域支配を担ったが、同三年六月を最後に信長重臣としての活動はみえなくなり、同年八月に柴田勝家との所領相論により失脚したとみられている。その後は出家して法名土玄を称し、天正元年（一五七三）に赦免されたが、元の立場に戻ることはなく、同十年の本能寺の変後は織田信雄に仕えて、同十二年の小牧・長久手合戦での動向が、知られる最後のようである（谷口前掲『織田信長家臣人名辞典第2版』参照）。重政は、信長の家老の一人になっていたととらえられる。またもしかしたら義弟にあたる那

古屋敦順の致仕も、重政の失脚にともなうものであったかもしれない。

それに続いて佐々内蔵助《くらのすけ》（成政）があげられ、それに続く四番目に、

後津田隼人正《はやとのかみ》卜云、
織田左馬允《さまのじょう》

と、刑部大輔次男の津田盛月（一五三四〜九三）があがっている。

津田盛月については、「信長公記」には、弘治二年（一五五六）稲生《いのう》の戦いで敵兵を討ち取る戦功をあげた者の一人として「津田左馬丞」（刊本四四頁）、永禄十二年京都本圀寺《ほんこくじ》在城衆の一人として「津田左馬丞」（同九三頁）がみえていて、当初から津田苗字を称していたことがうかがわれる。元亀元年に兄中川重政が近江安土城に入ると、それを補佐して在城したが、同三年の中川重政が柴田勝家の所領相論で失脚すると、同じく失脚したとみられている。その後、秀吉に仕え、天正十一年から側近として活動し、徳川家康・北条氏直への取次を務めているが、同十九年に乱心状態になり、文禄二年（一五九三）に伏見で死去したとされる（谷口前掲書参照）。

そして赤母衣衆の筆頭は、前田又左衛門尉（利家）で、それに続いて、浅井新八があげられ、それに続く三番目に、

津田隼人正弟、後木下雅楽助と云、
織田薩摩守

と、刑部大輔三男の木下雅楽助（?～一五八四）があがっている。

木下雅楽助については、先に触れたように、「信長公記」に永禄三年桶狭間合戦に従軍した者として「木下雅楽助」（刊本五五頁）、同十二年の伊勢攻めに従軍した者として「木下雅楽介」（同九九頁）がみえている。その後の動向は不明のようだが、元亀三年の中川重政の失脚にともなって、同様に失脚したとみられている。その後、秀吉甥《おい》の秀次に仕えて、天正十二年の小牧・長久手合戦において、四月九日の長久手合戦で戦死したとされている（谷口前掲書参照）。

このように養雲院殿の三人の男きょうだいは、いずれも信長の馬廻衆に編成され、かつその席次も上位に置かれていたことが知られる。また当初は、三兄弟とも織田苗字を称し、受領名も称していたことがうかがわれる。もっとも黒母衣衆・赤母衣衆の編成は、「織田系図」によれば、永禄十年のこととされている。それに対して津田盛月・木下雅楽助は、「信長公記」では、それより以前からそれぞれの苗字を称していた。この点は史料所見における齟齬、相違といわなければならないが、その理由を見いだせない。ちなみに谷口克広氏（前掲『織田信長家臣人名辞典第2版』「前田利家」項）は、永禄四年戦死の人物がみられていることから、それらは永禄年間初期頃の内容とみる推測も示している。ただそれでも、津田盛月・木下雅楽助の表記に齟齬がみられることには違いはない。

それはともかくとしても、三兄弟がそろって信長の馬廻衆の有力者になっていたこと、長兄の中川重政はさらに家老の一人になっていたことは、確かなことといえ、刑部大輔の子どもたちは、織田家家中において揃って重要な地位を占めていたとみることができる。なお三人のうち生年が判明するのは、次男の津田盛月のみである。その生年は天文三年であった。それを基準にして推定していくと、兄の中川重政は天文元年頃、弟の木下雅楽助は同五年頃とみることができるだろう。

そのなかの木下雅楽助は、秀吉が「足軽」になった際に、その寄親を務め、さらに秀吉が知行取になったことにともなって、信長の命によって木下苗字を与えた関係にあった。そのため秀吉とは、かなり親しい関係にあった存在になる。しかも年齢は秀吉とほぼ同年齢、また那古屋敦順ともほぼ同年齢であったとみなされる。

秀吉と寧々の結婚の経緯

それではいよいよ秀吉と寧々の結婚の経緯について述べていくことにしたい。そもそも秀吉と寧々とは、親戚関係にあった。秀吉の母・天瑞院殿の妹婿に杉原家次があり、その姉の子が寧々であった。すなわち寧々は秀吉にとって、叔母婿の姪《めい》にあたっていたのである。この時代、一般的な結婚は親戚関係のなかで形成されたことを踏まえると、秀吉が親戚にあたっていた寧々と結婚することは、極めて自然な在り方といえるだろう。

とはいえ親戚関係だからといって簡単に結婚が取り決められるわけではない。結婚の時点で、秀吉はすでに所領一〇〇貫文を有する「士大将」の地位にあり、寧々の養父・浅野長勝は、信長の馬廻衆の一人であった。その結婚には、主人である織田信長の承認を必要とした。そのため信長に、結婚を取り成す存在が必要であった。

それについてはこれまでみてきた史料では、浅野家作成の「済美録」では、浅野長季（長勝の兄あるいは父とされる）・柴田勝家・大橋重賢、あるいは前田利家をあげていて、また「森家先代実録」では那古屋敦順・養雲院殿夫婦をあげていた。

そのなかでも「済美録」が伝える、「武家筆記」「旧記伝語」などをもとに、浅野長季・柴田勝家・大橋重賢が婚礼の段取りを整え、信長家臣の河野善左衛門と高間小左衛門が取り持ちになり、信長から恒川久蔵を使者に祝儀が贈られた、ということや、「浅野考譜」をもとに、前田利家が媒酌をし、浅野長季の家に宅を構えて秀吉を置き、婚礼には河野善左衛門妻と高間小左衛門妻が接待し、信長は恒川久蔵を使者として長勝に祝儀を贈った、というのは、ともに登場する人物や祝儀の内容に具体性があり、何らか確かな所伝をもとにしたものと思われる。

とはいえその二つの所伝の内容には、微妙に相違もみられている。所伝が伝えられていくなかで思い違いなどが生じたことによると思われる。したがってその当否については簡単には決めがたい。けれども当日の婚礼を、浅野長季・柴田勝家・大橋重賢・前田利家らが取り仕切り、河野善左衛門尉・高間小左衛門尉が世話をし、信長から使者が派遣されて祝儀を贈られた、というのは確かなことであったと思われる。問題はその前段階、すなわち両者を結びつけ、かつ信長の承認を獲得した経緯になるが、それについては「森家先代実録」の所伝が、極めて重要と思われる。

秀吉は以前に木下雅楽助の寄子であった。その妹の養雲院殿の「筆子」に寧々がいた。そうすると両者は、秀吉が信長の直臣になる以前、木下雅楽助の寄子であった時期に、すでに知り合いになっていたと考えられる。そのうえで那古屋敦順と養雲院殿は、秀吉を見所のある人物と認識して、浅野長勝に寧々との結婚を働きかけ、その同意を取り付けて信長に申上し、承認を獲得した、という経緯が推測できるように思う。

那古屋敦順は、伯叔母《おば》が信長父の信秀の妻の一人であったから、信長に直接申上できる立場にあったとみなされる。また養雲院殿、元の寄親の木下雅楽助も織田氏一族として、同様に申上できる立場にあったことであろう。さらに柴田勝家はすでに信長の重臣に位置し、前田利家は有力な信長の馬廻衆、大橋重賢・浅野長勝も信長の馬廻衆であったとみられるから、それらの誰もが、信長に申上できる立場にあったとみなされる。

結局のところ、それらの誰が実際に結婚を取り持ち、浅野長勝を説得し、また信長の承認を獲得したのか、ということについては確定できない。ただ両者の人間関係からみると、当初の段階においては、両者をともに知っていた木下雅楽助・養雲院殿きょうだい、そして養雲院殿の夫那古屋因幡守が大きく関わっていたとみられるだろう。そのうえで実際に結婚がおこなわれるにあたって、柴田勝家・前田利家らが表面に立って差配したのではないか、と思われる。

第四章　秀吉の実子と養子たち

ここでは秀吉と寧々《ねね》の実子と養子について取り上げる。秀吉の実子については、石松丸秀勝（母は南殿《みなみどの》）・鶴松（一五八九〜九一、母は浅井茶々《あざい》）・秀頼（一五九三〜一六一五、母は浅井茶々）が存在していた。

そのうち鶴松・秀頼については、すでに福田千鶴氏（『豊臣秀頼』『淀殿』『高台院』）・河内将芳氏（『大政所《おおまんどころ》と北政所』）などで詳しく検討されているので、ここでは省略し、実子では長男の石松丸秀勝のみについて取り上げる。なお秀吉には、天正二年（一五七四）生まれの娘がいたと扱われることが多いが、これはあとで述べるように、養女ごう（樹正院）にあてるのが妥当であるから、実子としては扱わない。

秀吉の養子については、養女ごう（前田利家四女）・養子羽柴次秀勝（織田信長五男）・養子羽柴秀俊（のち小早川秀秋）・養女小姫《おひめ》（織田信雄娘）が確認されている。そのためここではそれらについて取り上げていく。

もっともこれまでにおいては、姉瑞竜院殿の長男秀次・小吉秀勝も秀吉の養子とみられることが多いが、第五章で述べるように、いずれも養子縁組の事実は確認されず、あくまでも甥《おい》として存在していたととらえられるので、ここでは取り上げない。その他にも、宇喜多秀家（養女ごう婿）・結城秀康（徳川家康次男）も秀吉の養子として扱われることが多いが、すでに先著『羽柴を名乗った人々』で指摘したように、いずれも養子としての実態はない。

宇喜多秀家がそのように理解されたのは、元服時期から羽柴苗字《みようじ》を与えられていたことによると思われるが、秀家の場合、養子縁組の事実はなく、あくまでも養女婿の立場にあったことが確認されている。結城秀康については、家康から秀吉のもとに送られた天正十二年（一五八四）においては、「養子」「猶子」と表現されているので（前掲拙著七四頁参照）、当初は養子縁組した可能性がないわけではない。しかし翌十三年以降はその表記もみられなくなり、あくまでも家康の子として扱われるようになっている。同十六年の聚楽《じゆらく》第行幸《てい》の時点で、官位は小吉秀勝と同等にされているが、宇喜多秀家よりも下位に置かれている。それらは秀康が、養子として扱われていなかったことを示している。したがってここでは取り上げない。

なおそれら以外にも、秀吉は前田利家六女・菊（一五七八〜八四）、浅井茶々妹・江《ごう》（一五七三〜一六二六）、弟秀長次女・きく（大善院殿）、近衛前久《さきひさ》娘・前子《さきこ》（後陽成《ごようぜい》天皇女御・中和門院）らを養女にしたことが伝えられている。秀長次女・きくについては、秀長の娘であるため第六章で取り上げるが、それ以外についてはここでは取り上げない。全くの名目にすぎなかったもの、ないし秀吉・寧々との具体的な関係が全く判明しないため、などからである。

むしろそれらとは別に、秀吉・寧々の養女の可能性がある者が何人か確認される。すなわち「よめ」「まん」、そして文禄元年(一五九二)死去の寧々の養女である。それらの実態は判明しないものの、ここで所見状況をまとめておくことにしたい。

実子・羽柴石松丸秀勝

石松丸秀勝については、まずは「石松丸」と「秀勝」とにわけて確認していく必要がある。石松丸については、唯一の史料所見が「竹生島奉加帳」である。同史料については、『近江国古文書志　第1巻東浅井郡編』五七九~八三頁、大阪城天守閣・長浜市長浜城歴史博物館編『豊臣家ゆかりの〝天女の島〟』(二〇二〇年)一一三~五頁に、全文が収録されている。秀吉とその家族、家中から竹生島に寄進した金品を記録したもので、時期は天正四年(一五七六)から同十六年におよんでいるが、後者では、ほとんどは天正四年から同六年にかけて、秀吉の近江長浜領時代におけるもの、ととらえられている。

筆頭に秀吉の署名があり、それに続いて「御内方」(寧々)・「大方殿《おおかたどの》」(天瑞院殿)が記され、それに続いて「石松丸」、次に「大方殿」があり、それに続いて「南殿」が記されている。そしてこの「南殿」は、石松丸の実母と推定されている。

「石松丸」の部分は、

同日（五月六日）　　同（御内之）
百疋　石松丸　御ちの人　　弐斗　うば

とあり、「南殿」の部分は、

同（御内之）
弐十疋　南殿　　参百文　ま、

とあり、ともにその女房衆による寄進も記されている。

「御内方」から「南殿」までの記載は、同一年におけるものとみなされ、「御内方」から「石松丸」までが五月六日の寄進、続く二度目の「大方殿」の寄進は十月吉日の寄進で、それに続く「南殿」の寄進は、記載の連続性からみてそれと同日のこととみなされる。寄進の年代については、天正四年から同六年と推定されていて、特定の年次に限定できないが、全体のなかで最も古い寄進時期は、天正四年四月吉日（津田卜真斎〈法名信貞〉の部分）であり、秀吉とその家族の寄進が、家臣よりも遅いとは考えがたいから、遅くても同年の天正四年、あるいはその前年以前、ということを想定できる。ここでは最も早い寄進時期にあわせて、天正四年と推定しておきたい。

この石松丸は、秀吉妻寧々・秀吉母天瑞院殿に続いて記されていることから、秀吉の嫡男と推定され、次いで二度目の天瑞院殿に続いて記されている「南殿」は、寧々・天瑞院殿に準じる女性ととらえられるため、秀吉の「側室」で、石松丸の実母と推定されている。このことを最初に取り上げたのは、桑田忠親《ただちか》氏とみられ（「長浜で早死した太閤の長子」拙編『羽柴秀吉一門』所収・「秀吉の長男をめぐる謎」桑田『豊臣秀吉』所収）、当初から石松丸を秀吉の嫡男、かつ実子ととらえ、南殿をその母と推定している。このことについては、石松丸と南殿の記載位置からみて、妥当である。

これにより秀吉には、長浜領時代に、石松丸を称した嫡男があったこと、その実母として南殿が存在していたことが確認される。なお桑田氏は、記載の年次について、天正三年に比定している。理由を記していないが、おそらく家臣の寄進時期よりも早いものと推測してのことと思われる。

それとともに桑田氏は、その石松丸を、天正四年十月十四日に死去した、実名秀勝と伝えられる、法名本光院朝覚居士にあてる見解を示している。この本光院については、それより先に、渡辺世祐氏によって注目されている（渡辺前掲書五八～九頁）。長浜妙法寺に伝来された「羽柴秀勝像」があり、寺伝で秀吉の子とされていて、その讃に「本光院朝覚居士」（左側）「天正四丙午暦十月十四日」（右側）とあることから、これを秀吉の最初の嫡男と推定した。そこでは、実子か養子か判断を留保しているが、その後に桑田氏によって、

「竹生島奉加帳」の存在から、同時期に存在していたことから、そこにみえる石松丸と同一人物ととらえ、また南殿をその実母とする見解が出されたのである。

この本光院朝覚については、渡辺氏も触れているが、妙法寺に供養塔があり、長浜徳勝寺に位牌《いはい》がある。妙法寺の画像はその後に焼失したものの、供養塔の銘に「天正四年」（塔身部右）「十月十四日」（同左）、位牌の銘に「朝覚大禅定門　次郎秀勝君」「天正四子年十月十四日」と刻まれていることが確認されており、さらに妙法寺の供養塔については、新たに正面に「南無妙法蓮華経　本光院朝覚　霊位」と刻まれていたことが確認されている（山本順也「朝覚秀勝の再検討」拙編『羽柴秀吉一門』所収）。

これらにより天正四年十月十四日に死去した本光院朝覚居士（大禅定門）という人物がいたことは確実ととらえられる。問題はその人物が、寺伝にいうように秀吉の子で「秀勝」といったのかどうかであるが、これについては検証のしようがない。しかし妙法寺の供養塔は、一六世紀後半のものと比定され同時代にあたるとみなされていることを踏まえると、その寺伝の信用性は高いととらえられる。したがって本光院が、実名を秀勝といい、秀吉の子であったことは、確かな事実ととらえてよいと考える。

そしてこの秀勝は、桑田氏が推定したように、時期的近接性から考えて、「竹生島奉加帳」にみえる石松丸と同一人物ととらえて間違いないと考える。なお妙法寺の秀勝画像に描かれている容姿は、「稚児風」（渡辺氏）、「袴着の儀式を行った際の晴れ姿」「三才から七才までのあいだの幼児におこなわれたもの」(桑田氏)と評されていて、そのため元服前に早世したと理解されている。確かに画像からだとそう考えざるをえない。しかし「竹生島奉加帳」に名が記されていることから、その時点で、社会的に認知される八歳を超えていたと考えられ、その場合は、少なくとも永禄十二年以前の生まれととらえられる。さらに画像賛・位牌では、元服後に対応する「居士」「大禅定門」が付けられ、また実名として「秀勝」が伝承されていることからすると、本光院は元服を済ませていて、それにより実名を名乗っていたと考えるのが適当になる。

この件に関しては、現状で確定することはできないが、一つの仮説として提示しておきたい。またその場合、「竹生島奉加帳」の記載は、元服の直前にあたっていたとみなされる。そして元服は通常、一五歳でおこなわれるから、石松丸秀勝は、死去した天正四年に一五歳であったとみられ、そうすると生年は永禄五年(一五六二)と推定されることになる。このことは実母と推定される南殿の立場をとらえるうえで大きな問題になる。これまでは「側室」ととらえられていたが、この時代にその概念は存在しないので、別妻か妾と考えられる。いずれにあたるのかは確定できないが、「南殿」と殿付けで称されていることから、別妻か、女房衆であっても「上﨟」という最高位にあったと推測される。

また石松丸秀勝が死去した天正四年の時点では、寧々が秀吉正妻として「御内方」と称されていた。第三章で検討したように、秀吉と寧々の結婚は永禄八年と推定される。そうするとその時には、秀吉の妻妾としてすでに「南殿」が存在していて、さらにその子として石松丸秀勝が存在していたことになる。そこでは「南殿」が妾として存在し、嫡男を産んだため、その生母として、女房衆の最高位に位置付けられて「南殿」と呼称され、秀吉と寧々との結婚後も、その地位を寧々から承認されるとともに、石松丸秀勝を秀吉の嫡男とすることも寧々から承認された、という状況が推測されることになる。

もっともこれらの問題については、史料によって確定することはできない性格のものであり、状況をもとに最も妥当性の高い事態を推定していくしかない。以上の見解はあくまでも問題提起にすぎない。なお石松丸秀勝の出自について、越前朝倉景鏡《かげあき》の子で、秀吉の養子になったとする所伝がみられている（和田裕弘「豊臣秀吉の実子といわれる「石松丸」について」）。極めて興味深いと思われるが、現在その当否を検証する余裕はない。今後、朝倉家研究のなかで検証されることを期待したい。

養女・ごう

石松丸秀勝に続いて、秀吉の子どもとして確認されるのが、天正二年（一五七四）生まれの娘である。それについても早くに桑田氏が取り上げていて、長浜八幡宮別当寺舎那院所蔵の懸仏の銘に、「江州北郡羽柴筑前守殿御れう人甲戌歳」とあることから、天正二年（甲戌）生まれの「御料人」、すなわち秀吉の娘の存在が指摘されている（桑田前掲論文）。

この懸仏銘については、山本順也氏（山本前掲論文）が詳しく紹介していて、裏面に墨書で、「江州北郡羽柴筑前守殿御れう人甲戌歳」「天正九年辛巳八月三日敬白」「八幡宮」「息災延命、如意御満足処」とあることが確認されている。これにより秀吉には、天正二年生まれの娘があり、八歳の時の同九年八月三日に長浜八幡宮に、息災延命を祈願して懸仏を寄進したことが確認される。

この秀吉娘に関して、桑田氏も山本氏も具体的なことについては述べていない。しかし同時期に秀吉の娘として確認されるものがある。すなわち秀吉が播磨姫路城（姫路市）を拠点としていた、天正九年四月から同十一年六月までの間にあたるとみなされる（福田前掲『高台院』五二頁）、「五もじ」宛の秀吉消息（秀吉九四五）があり、宛名の「五もじ」は「御料人」の愛称で、すなわち娘に宛てたものと推定される。これにより天正九年頃に秀吉に娘がいたことが確認される。先の長浜八幡宮寄進の懸仏は、天正九年八月のものであるから、それと同時期にあたるものとなり、そのことから懸仏寄進者の秀吉娘と、秀吉消息の宛名の秀吉娘は、同一人物ととらえられる。

この秀吉消息にみえる「五もじ」については、大西泰正氏の研究にみられているように、これまでも養女の樹正院《じゅしょういん》（ごう・前田利家四女、一五七四～一六三四）に比定されている（『宇喜多秀家研究序説』第二部「樹正院の基礎的考察」など）。なお福田氏は、「五もじ」を、樹正院が秀吉の養子になった時期を天正十一年の賤ヶ岳合戦後とする所伝を採用して、これを排除し、もう一人秀吉の養女となったことが伝えられている前田利家六女・菊にあてる見解を示している。しかし樹正院の養子化時期についての所伝は、他者との混同の可能性を排除できず、そのまま信用しうるものではなく、他による補強が必要であろう。もう一人の養女となったという菊について、その存在は当時の史料ではいまだ確認されていないので、これについても同様と考えられる。

何よりも樹正院は、天正二年生まれであることが確認されている。そしてこの生年は、懸仏寄進者の秀吉娘の生年に一致する。大西氏は懸仏寄進者の秀吉娘について触れていないが、生年が同一であること、かつ同時期に存在していたことから、それは「ごう」にあたるとみて間違いないだろう。これについては北川央《ひろし》氏（『豊臣家の人びと』一八〇頁）も、生年の一致から、「ごう」に比定するのが妥当とする見解を示している。なお「ごう」の名について、一般には「豪」の漢字が当てられているが、大西氏は当時の史料で確認できないことから保留している。

これにより秀吉は、天正九年までに、前田利家四女・樹正院を養女に迎えていたことが判明する。養女に迎えた時期までは判明しないが、大西氏は、元和七年（一六二一）から同九年の成立と推定される川角三郎右衛門「川角太閤記」巻二に、「又左衛門（前田利家）娘（樹正院）、二ツのとし筑前守《ちくぜんのかみ》もらひ、養子に仕置くなり」とあることから（刊本は『太閤史料集〈戦国史料叢書1〉』所収本を使用、二九一頁）、二歳の時の天正三年の可能性を提示している。確定できるわけではないが、現時点において、他の関連状況とは矛盾しないことから、有力な所伝ととらえられ、その可能性は高いとみることができるだろう。

秀吉が「ごう」を養女に迎えたのが天正三年であったとした場合、その時に寧々は二七歳にあたっている。すでに結婚から一〇年以上を経ても、子どもが生まれなかったため、養女を迎えたと考えられるだろう。樹正院が、天正九年に長浜八幡宮に懸仏を寄進したのは、八歳になって、社会的に認知される年齢になったことにともなうと考えることができるだろう。

また秀吉が前田利家の娘を養女に迎えているということからすると、秀吉と利家は親密な関係にあったことがうかがわれる。一般には、秀吉と寧々の結婚の媒酌を務めたなどのことが取り上げられるが、当時の史料で、それまでにおける秀吉と利家の交流については確認されない。しかし「ごう」を幼児の段階で、養女に迎えていることからすれば、両者は親密な関係にあったことは間違いないといえるだろう。

なお「ごう」のその後の生涯については、大西氏の研究に詳しく検討されているので、ここでは省略したいが、同氏の研究を参照しながら、宇喜多秀家との結婚についてと、秀家の子どもの出産についてのみ、あらためて触れておくことにしたい。

「ごう」と宇喜多秀家の婚約時期については、天正十年六月のこと、結婚時期については、同十五年七月から同十六年正月の間のこと、と考証されている。これによれば、「ごう」

の結婚は、一四、五歳でのことであったとみなされる。

秀家の子どもについては、天正十七年八月頃に長男・某、同十九年七月に次男・秀隆、文禄元年（一五九二）八月頃に女子、同三年冬に千代、同四年十月頃に女子、慶長二年（一五九七）十一月頃に三男・小平次、がそれぞれ生まれていたことが明らかにされている。それらはすべて「ごう」が産んだと考えられてきている。「ごう」の年齢は、一六歳から二四歳にかけてのことになる。

しかし、天正十九年と文禄元年、文禄三年と同四年と続けて子どもが生まれていることになること、二〇歳以前に三人が生まれていることになることをみると、すべてが「ごう」の実子であったのかどうか、検討が必要と思われる。これに関して福田氏は（『高台院』九八～九頁）、「ごう」の実子は秀隆と小平次の二人のみ（ただし千代については触れていない）とみなしている。確定は難しいものの、かりに秀隆を実子とみた場合に、「ごう」の実子の可能性があるのは、その後では千代と小平次に限られると思われる。それぞれ「ごう」が一八歳、二一歳、二四歳での出産になる。この問題については、今後あらためて検討が必要と思われる。

養嗣子・羽柴次秀勝

石松丸秀勝の死去後に、養嗣子として迎えたのが次秀勝である。織田信長の子息である

木造 羽柴秀勝像 瑞林院所蔵

が、江戸時代成立の系図史料では信長の四男に位置付けられているため、ながく信長の四男とされてきたが、谷口克広氏によって、信長子息の動向の検討により、正しくは五男であることが指摘されている（「信長の兄弟と息子の出生順」柴裕之編『織田氏一門』所収）。

これに関しては、谷口氏が取り上げているように、同時代成立の大村由己《ゆうこ》「惟任謀叛記《これとうむほん》」（「天正記」所収、刊本は『太閤史料集』所収本を使用、四〇頁）に「相公《しょうこう》（織田信長）の第五男御次丸」とある。また「太閤記」巻三も「御次と申すは将軍（織田信長）の五男」と正しく記していて、あらためて注目され（刊本七七頁）、同書の情報源の正確さをうかがわせる。

次秀勝については、秀吉の養子になってから、長浜領時代の動向について、森岡榮一氏（「羽柴於次秀勝について」柴前掲編書所収）・尾下成敏氏（「信長在世期の御次秀勝をめぐって」拙編『羽柴秀吉一門』所収）によって、天正十年（一五八二）九月以降の丹波《たんば》亀山領時代について、片山正彦氏（『豊臣政権の東国政策と徳川氏』）によって、本格的な研究がおこなわれている。

当時の史料で生年が判明するものはないが、谷口氏が取り上げているように、（天正十年）十月十四日付秀吉書状写（秀吉五〇三）に、「御次も拾五、六に御歳〔成〕り候」とあり、天正十年に一五、六歳と記されていて、その逆算により生年は、永禄十年（一五六七）、十一年であることが知られる。そのうえで「高野山過去帳」（『大日本史料』一一編二四冊四一頁）に、

中納言豊臣秀勝卿〈小名於次丸、信長公子、秀吉公養子〉
天正十三年十二月十日逝、年十八、
瑞林院賢岩才公

とあり、死去年齢は一八歳と記されて、その逆算による生年は永禄十一年になる。先の秀吉書状の記述にも一致することから、これらによって次秀勝は、永禄十一年生まれと確定してよいだろう。なおそこでは次秀勝の官職を「中納言」としているが、明確な誤りである。秀勝は、同年七月の秀吉の関白任官以降に参内した形跡はみられていないので、官職への任官は想定できず、無位無官であったとみなされる。

母については、岡田正人氏が「信長側室　某氏　御次秀勝の生母」を記しているのが

（『織田信長総合事典』一六三〜五頁）、ほとんど唯一の概説といえ、法号を養観院といい、天正十一年から次秀勝死後の同十六年まで動向が確認できることが明らかにされている。死去年や法名などは判明していないようである。また次秀勝と墓所を同じくするものに、姉にあたる蒲生氏郷妻（相応院殿、一五五八か一五六一〜一六四一）があり、そのことから、渡辺江美子氏（「織田信長の息女について」柴前掲編書所収）および岡田氏も、彼女は次秀勝と同母きょうだいの可能性があることを示している。そのことの検証は不可能であるが、その可能性は十分に想定できると思われる。

彼女について、次秀勝が秀吉の養子になったのち、長浜領時代における居所は確認されないが、丹波亀山領時代には、次秀勝に同行して亀山城に移住している。そのことからすると、長浜領時代についても、次秀勝に同行して、長浜城に居住した可能性も十分に想定できると思われる。

秀吉の養子になった時期は判明しておらず、史料上の初見は、天正八年三月に秀吉と連署して、「次秀勝」と署名し、長浜八幡宮（「坂田郡八幡宮」）に奉加しているものになる（秀吉二二二）。この時、次秀勝は一三歳にすぎないが、すでに元服して、実名秀勝を名乗っていたことがわかる。また通称の「次」は、仮名として用いたものとみなされる。「惟任謀叛記」では、「御次丸」と記されていて、それは幼名としてのものとみなされるから、幼名を於「次」丸を称していたと推定され、元服後もそれを仮名として称したとらえる。一般的な元服年齢は一五歳であることからすると、次秀勝の元服年齢は早いといわざるをえない。そこにはそれなりの理由があったと考えられ、それは秀吉の養子化にともなったのではないか、と思われる。

次秀勝の養子入り時期については、渡辺世祐氏は「多分天正五、六年のこと」（渡辺前掲書五九頁）とし、桑田氏は石松丸秀勝の死去後「ほどなく」としているため、石松丸秀勝の死去後しばらくのうちのことと考えられてきた。しかし次秀勝の元服年齢から考えると、まさに初見文書がみられた天正八年、一三歳の時のことと考えるのが妥当といえ、前年末か同年初めに秀吉の養子になり、すぐに元服し、秀吉の嫡男の地位を成立させたと考えられるように思われる。

秀勝の動向については、森岡氏・尾下氏・片山氏の論考で明らかにされているとともに、全体の概要については柴裕之氏によるまとめが充実している（「織田信長の御一門衆と政治動向」柴前掲編書所収）。そのためここで次秀勝の動向について具体的に述べることは省略するが、一つだけ、毛利輝元養女との婚姻について取り上げておく。

これについてはすでに片山氏が検討しているので、簡単にみておくことにしたい。次秀勝と毛利輝元養女との婚姻については、秀吉と毛利家の和睦を踏まえ、さらに毛利家の従属にともなってすすめられたもので、天正十一年十二月十五日に、「御次縁辺之儀」が初めて史料に確認される。その後、小牧・長久手合戦の展開のため、交渉は延期されたとみられ、合戦後の同十二年十一月五日には「御祝言之儀、不日可為御上着候」とあり、婚儀が近いことがわかり、そして十二月二十六日に秀吉本拠の大坂城で婚儀がおこなわれている（「宇野主水《もんど》日記」『大日本史料一一編一〇冊』三七〇～三頁）。

もっとも次秀勝妻の毛利輝元養女について、具体的なことは判明していない。これについては西尾和美氏（「豊臣政権と毛利輝元養女の婚姻」）が、毛利家の後世作成史料を駆使するかたちで、毛利家重臣内藤元種《もとたね》（輝元の母方伯父《おじ》）の娘であること、次秀勝の死後、天正十四年から同十七年までの間に安芸《あき》に帰国し、同十七年までに毛利家家臣宍戸元続《もとつぐ》（輝元妻の甥）に再嫁し、同年に右田毛利元倶《もととも》妻を産んだこと、秀吉が「あきの五もし」に宛てた書状の宛名「安芸の御もじ」は、次秀勝後室《こうしつ》に比定されること（秀吉六六八八）、同文書と同時に伝来された「御もし」宛秀吉書状（秀吉六二六〇）、「つほね方」宛秀吉書状（六二七〇）も次秀勝後室に関する史料であることが明らかにされている。

これによって次秀勝妻の出自とその後の動向がかなり明確になっている。これらのことからすると、次秀勝の後室は、その死去からほどなく、天正十四年頃には安芸に帰国したと考えられるだろう。

養子・羽柴秀俊（のち小早川秀秋）

秀吉と寧々は、養嗣子として次秀勝があったなかで、新たに養子を迎えている。それが秀俊で、のちの小早川秀秋である。この秀俊については、すでに私（『小早川秀秋』）と光成準治氏（『小早川隆景《たかかげ》・秀秋』）によって評伝書が出されていて、詳しく検討されている。そのため以下では、その内容をもとに、秀俊について簡単に取り上げることにする。

秀俊は、天正十年（一五八二）生まれで、木下家定の五男にあたった。母は家定正妻の雲照院殿で、そのため寧々には血縁の甥にあたった。秀俊の幼名については「辰之助」が伝えられているが、当時の史料では確認できない。しかし誕生当初、その幼名を称したことは十分に考えられる。三歳の時の天正十二年に、秀吉の養子に迎えられた。以後は幼名「金吾」「金五」を称している。この幼名は、その後も元服後においてもそのまま仮名として使用されている。

小早川秀秋画像 東京大学史料編纂所所蔵模写

秀俊が秀吉の養子に迎えられた理由は判明しないが、少年期は賢かったというから、その利発さが見込まれたのだろうと思われ、秀吉は自身の跡継ぎとも、国の補佐ともすると思って、養子に迎えたのだと伝えられている（拙著『小早川秀秋』二七頁）。秀吉の養子になっていたことが確認できるのは、天正十三年閏八月が初見で、同十六年四月の聚楽第行幸にあたって、わずか七歳で元服して従五位下《じゅごいのげ》・侍従に任官されて、公家成大名にされている。いうまでもなく秀吉の養子であったためである。

すでにその時点で、秀吉の養嗣子であった次秀勝は死去していたから、それによって秀俊は秀吉の後継者に位置付けられたとみなされる。その時に諸大名が秀吉に忠誠を誓約する起請文の提出は、秀俊に宛てておこなわれていて、また同年の安芸毛利輝元上洛においては、秀吉に次ぎ、寧々の前に進物を贈られていることから判断できる。しかし同十七年に、秀吉に次男鶴松が誕生したことで、嫡男の地位から後退し、一門衆の地位に位置付けられた。

同年に小吉秀勝が丹波亀山領から美濃大柿領に転封されると、そのあとをうけて亀山領を与えられ、領国大名になった。同十九年十月に正四位下《しょうしいのげ》・参議に昇進し、文禄元年（一五九二）正月に従三位・権中納言に昇進している。そのため以後は「丹波中納言」と称された。いずれも一門衆ではトップの位置に置かれている。秀次が羽柴家家督を継承したのちでは、秀吉の隠居領を継承することも検討されていた。しかし文禄二年に秀吉に新たな嫡男・秀頼が誕生したことで、その予定も解消されることになった。

そして文禄三年七月までに、筑前三十万石余の小早川隆景（羽柴筑前侍従）の養嗣子になり、小早川家宗家の毛利輝元（羽柴安芸宰相）の養女（長寿院、?～一六五一、輝元の叔《お》母《ば》宍戸隆家妻の子および輝元妻の兄宍戸元秀の娘）と結婚することが決められた。同年十一月に、小早川隆景の養嗣子になり、毛利輝元養女と結婚し、以後は「筑前中納言」と称された。次いで同四年八月に、筑前名島領に入部し、隆景から家督と領知を継承し、筑前三十三万石余の有力な領国大名になった。ただしこれで秀吉・寧々との養子関係が解消されたわけではない。秀俊はその後も、寧々の子どもとして存在しているからである。またその直前に、秀保・秀次が相次いで死去しており、それにより秀俊は、唯一の一門衆となっている。

慶長二年（一五九七）六月に養父隆景が死去し、それをうけて実名を秀秋に改名したとみなされる。その後に朝鮮に渡海したが、同三年正月から四月の間に帰国、直後に越前北庄領に転封され、「北庄中納言」と称された。同三年八月に秀吉が死去し、それをうけて同四年正月に、筑前名島領に復帰した。そして同五年十月、関ヶ原合戦の戦功により、備《び》前《ぜん》・美作四十万石余に転封され、以後は「備前中納言」「岡山中納言」と称された。なおその間の慶長四年十月には、長寿院と離婚していたと推定されている。その長寿院は、秀秋生前の同七年六月に、興正寺門跡准尊と再婚している。

秀秋は、慶長六年末から同七年正月までの間に、実名をさらに秀詮《ひであき》に改名している。そして十月十八日に二一歳で死去した。後継者がいなかったため、領知は収公され、小早川家は断絶した。法名は瑞雲院秀巌日詮といった。この秀詮の死去によって、羽柴家の一門衆は一人もいなくなっている。

養女・小姫

秀吉が「ごう」に次いで養女に迎えたのが、織田信雄の娘・小姫である。本名の訓みについては、秀吉自筆書状に「おひめ」（秀吉二三九一など）、「多聞院日記」天正十八年（一五九〇）正月二十八日条（刊本四巻二一八頁）に「小姫君」に「コヒメキミ」と訓みがふってあり、「おひめ」と「こひめ」の両様がみられているが、秀吉が自筆書状で「おひめ」と書いているので、「おひめ」とみなされる。この小姫については、渡辺江美子氏（「甘棠《かんとう》院《いん》殿桂林少夫人」柴前掲編書『織田氏一門』所収）が詳しく検討しているので、以下ではそれによりながら述べていく。

生年は、天正十三年（一五八五）もしくは同十四年である。前掲「多聞院日記」は、天正十八年に「六才」と記していて、その逆算による生年は天正十三年になるが、「法用文集」に収録されている、同十九年七月九日に死去したのちにおこなわれた仏事香語のうち「下火香語」に「生縁六年」などと記されていて、その逆算による生年は同十四年になる。いずれとも決めがたいが、仏事香語のほうが信頼性は高いと考えられるので、ここでは天正十四年説をとっておきたい。

信雄の子どもについて、渡辺氏の検討によると、嫡男・秀雄《ひでかつ》（一五八三〜一六一〇）が天正十一年生まれ、三男・信良（一五八四～一六二六）と長女・高浜殿（佐々加賀守《かがのかみ》妻、一五八四～一六四二）が同十二年生まれであるといい、小姫はそれらに続いて誕生したととらえられる。信雄正妻は婿入りした北畠具教《とものり》娘（?～一五九二、天応妙性大禅定尼）で、秀雄と小姫の母と伝えられている。信良の母は北畠氏一族の木造具政《こづくりともまさ》娘とされ、高浜殿の母は犬山織田信清の娘で、その母は信長姉の「犬山殿」にあたる（拙著『お市の方の生涯』三七頁も参照）。どちらについても信雄の別妻なのか妾なのかは判明しない。ともあれそれらのことからすると、小姫は、嫡兄秀雄と同母の子で、すなわち嫡出の長女であったとみなされる。

　前掲「多聞院日記」には、「関白殿（秀吉）の養子にて二、三才の時より御育て也」とあるから、天正十五年、同十六年頃に養女に迎えられたことがうかがわれる。小姫が秀吉の養女になっていたことを示す、当時の史料での初見は、同十五年に比定される十二月二日付秀吉自筆書状（秀吉二三九一）になる。その時に小姫は二歳であったから、小姫が秀吉の養女に迎えられたのは、同年のこととみなされるだろう。その後、小姫は秀吉の養女として、ごう（樹正院）・秀俊、さらには実子の鶴松と同列に扱われている。そのことは、小姫は寧々とも養子縁組し、秀吉・寧々夫婦の養女となっていたことを示している。

　そして五歳になった天正十八年正月二十八日に、徳川家康嫡男の秀忠（幼名「御長殿」）と、秀吉本拠の聚楽第で婚約（「祝言」）した（前掲「多聞院日記」）。秀忠は一二歳であった

（「多聞院日記」は「十三才」と誤記）。秀忠の立場は、第一章の朝日（南明院殿）について述べたなかで指摘したように、朝日の養子であったとみなされるから、これは秀吉養女と朝日養子という、義理のいとこによる婚姻でもあった。かつそれは同時に、織田信雄嫡出長女と徳川家康嫡男との結婚でもあり、当時の諸大名において織田家・徳川家は卓越した政治的地位にあったから、これは羽柴家・織田家・徳川家相互の結びつきを堅固にする、極めて重要な縁組ともなった。

とはいえ小姫はまだ五歳にすぎなかったから、実際の結婚は、おそらく小姫が八歳になる文禄三年におこなわれる予定だったと推測される。しかしそれを待たずに、婚約からわずか一年後の天正十九年七月九日に、六歳で死去した。法名は甘棠院殿桂林少夫人といった。ちなみにそれからわずか一か月弱後の八月五日に、秀吉嫡男の鶴松がわずか三歳で死去している。これについて渡辺氏は、死因は伝染病によるものと推測している。近時、新型コロナウイルスの蔓延《まんえん》を経験した私たちには、違和感なく理解できるところだろう。

養女か・「よめ」と「まん」

秀吉・寧々夫婦の養女の可能性を推定できるものの一人に、「よめ」という人物がいる。所見史料は一つだけで、天正十四年（一五八六）六月に推定されている秀吉自筆書状（秀吉六〇二五）に、「きん五（秀俊）・よめ・五もし（ごう）」とならんで記されて、その健康を尋ねられている。ごうと秀俊とともに、そのように心遣いされていることからすると、この「よめ」も、秀吉・寧々の養女であった可能性が想定されるのである。

これについて福田氏（『高台院』八六頁）は、養女ではなく、「寧の近くにいて秀吉から家族同様に可愛がられた」、前田利家の五女・よめ（与免・春泉院、一五七七〜九三、浅野長継〈幸長〉婚約）にあてる見解を示している。本名が同一であるから、その可能性はあるが、関係史料が一つだけのため、確定は難しい。今後において引き続き検証していく必要があろう。

もう一人は、「まん」という人物である。「兼見《かねみ》卿記《きょうき》」天正十九年（一五九一）正月九日条（刊本四巻一一八頁）に、吉田兼見が天瑞院殿・寧々とその家族に御祓などを進上した先として、「北政所」（寧々）・「姫君様」（ごう）・「御姫さま」（小姫）・「御まんさま」・「金吾様」（秀俊）があげられていて、そのなかに「御まんさま」がみえている。その並び、および表記の仕方からみて、「御まんさま」は、ごう・小姫・秀俊と同列に位置した存在とみなされ、すなわち秀吉・寧々の養女の可能性が推定される。

これについて福田氏は、「不詳」とのみ記すにすぎない（福田前掲書一〇八頁）。この「まん」についても、所見史料はそれ一つだけなので、その出自を探る手掛かりはないといわざるをえない。

「よめ」にしろ「まん」にしろ、養女だったとしたら、所見史料がそれぞれ一つだけなので、早くに死去したという可能性も考えられる。そうであれば秀吉は、天下人の地位を確立させた天正十三年以降、それなりに養女を迎えていた、ということも考えられることになる。それはこの時期の秀吉政権における政治関係を考えるうえでも重要な要素となることだろう。今後も引き続いて検討していくことが必要だろう。

早世した寧々の養女

本章での最後に、早世したとみなされる寧々の養女について取り上げる。それについては、「兼見卿記」文禄二年（一五九三）四月十四日条（刊本五巻四六頁）に、

北政所殿（寧々）御養子姫君、去年御遠向也、

とあり、前年の文禄元年に、寧々の「御養子姫君」が死去していたことが確認される。これについて福田氏は触れておらず、河内将芳氏（『大政所と北政所』一三四頁）は触れているものの、「だれを指すのか」については不明としている。これについても所見史料はこれ一つだけなので、出自などを探る手掛かりはない。ただ、それまでに養女と推測された、「よめ」や「まん」にあたる可能性も考えられる。

またここで、寧々の「御養子」とあり、必ずしも秀吉のそれとは記されていないことか

らすると、その「姫君」は、寧々だけの養子であった、と考えられる。これまでにみてきた、ごう・次秀勝・小姫・秀俊は、秀吉・寧々夫婦の養子であったが、それとは別に、寧々は、自身だけの養子をとっていた、ということになる。このこと自体も、秀吉と寧々との関係、両者を中核にした当時の羽柴家の在り方をとらえるうえで、興味深い事柄といえるが、それとともに、寧々がどこから養女を迎えたのか、ということも解明すべき重要な事柄になる。秀吉と寧々の家族関係については、まだまだ解明しなくてはならない事柄が残されているといえるだろう。

第五章　瑞竜院殿の夫と子供たち

ここでは姉瑞竜院殿の家族について取り上げたい。瑞竜院殿の夫は、尾張海東郡乙之子《おとのこ》村（あま市乙之子）の出身と伝えられている三好常閑である。三好常閑と瑞竜院殿の間には、長男秀次・次男小吉秀勝・三男秀保の、三人の男子があったとされている。

ただし秀保については、あとで触れるように、瑞竜院殿の実子ではなかったと考えられる。またこれまでは、秀次・小吉秀勝は秀吉の養子になったとみられてきた。それについてもあとで述べるように、事実としては確認されず、両者はあくまでも秀吉の「甥」として存在していたと考えられる。

このように秀次・小吉秀勝・秀保の三兄弟についても、基本的に確定していかなくてはならない事柄が残されている。そのため以下において、それぞれについて検討していくことにする。なお秀保は、瑞竜院殿の実子とはみられず、また秀長の養嗣子になっているので、第六章で取り上げてもよいが、三好常閑の子どもであるだけでなく、瑞竜院殿とも養子縁組していたと考えられ、公式には瑞竜院殿の子どもとして存在していたから、ここで取り上げることにする。

夫・三好常閑

三好常閑についての本格的研究としては唯一、山田彦郎氏の研究（「三好吉房」拙編『羽柴秀吉一門』所収）があるが、江戸時代成立史料を多用しているところがある。そのためここでは、当時の史料をもとにその事蹟についてあらためて確認していく必要がある。

まず生年について確認したい。「東西歴覧記」引用の瑞龍寺過去帳には、

建性院前三位法印日海　慶長十七年壬子八月二十五日七十九歳　秀次公父

とあり、慶長十七年（一六一二）に七九歳で死去したことが確認され、その逆算による生年は天文三年（一五三四）である。常閑の年齢についてはほかに、「兼見卿記」天正二十年十月二十四日条（刊本四巻二三九頁）に、

殿下（羽柴秀次）御親父三位法印五十九才、乱心違例也、

とあり、天正二十年（文禄元年・一五九二）に五九歳と記されていて、その逆算による生年は、同じく天文三年になる。これらによって常閑の生年は、天文三年に確定される。妻の瑞竜院殿は天文元年生まれであったので、それより二歳年少であったとみなされる。

常閑についての確実な史料での初見は、天正十八年九月十一日付承賀老宛判物（拙編『羽柴秀吉一門』第3部四「常閑文書集」六四号）とみなされ、「武入常閑」と署名している。常閑は、長男の秀次が尾張一国を領国としたことにともない、尾張犬山城（犬山市）に入部し、領域支配を開始したが、同文書はそれにともなって出されたものになる。ちなみにそれにともなって、瑞竜院殿は「犬山殿」と称されるようになっている（「常閑文書集」六七号）。

署名のうち「武入」は、「武蔵入道」の略称で、これにより常閑は武蔵守を称していたことが確認される。また出家にともなって、法名常閑を称したことも確認される。その後、文禄元年十月には「三位法印」でみえている（秀吉四二七二）。その間に三位の位階と法印号を与えられたことが知られるが、それは前年十二月二十八日における長男・秀次の関白任官・豊氏長者就任をうけてのこととみなされる。またそれにともなって、瑞竜院殿は「大かみ様」と称されるようになっている（「駒井日記」文禄二年閏九月六日条〈刊本二頁〉）。

その後、文禄四年正月まで「三位法印」を称しているが（「御湯殿上日記」同年正月十四日条〈続群書類従完成会太洋社刊本八巻三七三頁〉・「言経卿記《ときつね》」同年正月二十九日条〈「大日本古記録」刊本六巻二一七頁〉、同年四月二日から「建松（性）院」を称している（「駒井日記」同日条〈刊本一九六頁〉）。その間に、「建性院」の院号を与えられたことが知られる。

出自についての明確な史料はないが、「祖父物語」に、

「海東郡のうちオトノカウと申す所に弥介と云うツナサシあり、是は藤吉郎姉ムコなり」（刊本三二四頁）

「馬カシタル姉ムコ弥助」「後に三位法印と申せしかば弥助が事なり」（刊本三二五頁）

とあり、海東郡乙之子村（あま市乙之子）の住人で、鷹匠《たかしょう》の配下で働く綱差、もしくは馬貸し業を営んでいたこと、通称を「弥助」と称していたことが記されている。弥助の生業が、綱差であったのか馬貸しであったのか判断できないが、それらの所伝は、常閑の素生を伝える最も良質の情報とみなされるので、基本的には信用してよいと考えられる。これにより常閑は、通称を弥助と称していたとみなされる。

常閑の苗字《みょうじ》については、当時の史料では確認できない。江戸時代成立の史料では、「三好」「長尾」「三輪」などが伝えられている。このうち三好苗字については、「川角太閤記」巻一に「三吉武蔵殿」（刊本二三九頁）「三吉武蔵守殿」（同二五六頁）と記されていることから、実際に称した可能性は高いと考えられる。ただしその三好苗字は、長男の秀次が阿波三好康長の養子になり、秀次が三好苗字を称したことにともなうものととらえられるので、天正十年以降のことになる。そのためそれ以前は、別の苗字を称していたと考えられるが、判明しない。

また秀次は、天正十二年に三好苗字を廃して、羽柴苗字に改称しており、それにともなって常閑も三好苗字を廃した可能性が想定されるが、その場合にどの苗字を称したのかはわからない。前掲の瑞龍寺所蔵「木下家系図」の記載など、羽柴苗字を称したように記すものもみられているが、当時の史料で常閑が羽柴苗字を称した明証はない。それは秀次ら子供が羽柴苗字を称したことをもとに、常閑について遡らせて適用したものととらえられる。秀吉父の「弥右衛門」の木下苗字、寧々の兄木下家定についての羽柴苗字の伝承と、同じ性格と考えられる。

なお瑞龍寺所蔵「木下家系図」の記載に「羽柴武蔵守一路」とあり、また江戸時代中期成立の「武家事紀」巻一四（刊本上巻五五二頁）にも「武蔵守三位法印一路」とあり、法名一路を称したと記されていて、これをもとに常閑の法名として同名が取り上げられることが多いが、同名についてては、それ以上の良質史料では確認できない。また江戸時代後期の文政七年（一八二四）頃成立と推定されている、犬山地域の地誌「犬山里語記」巻三（『犬山市史史料編四』七四頁）には、「長尾武蔵入道常閑」で立項されて、「知多郡大高の人也、初めは海東郡乙子村に住す、姓は三好、名は吉房」「三位法印・一露・三輪法印等の称号有り」などと記されている。

ここでは苗字もしくは称号として「長尾」「三輪」があったことがみえている。しかし常閑がそれらを称したことを示す当時の史料は確認されていない。そのうち「長尾」に関して、「駒井日記」文禄二年閏九月二十三日条（刊本三三頁）にみえる「長尾殿」を、常閑に比定する場合がみられるが、同人は常閑には該当しないので、それはあたらない。

また居住地として、初めは海東郡乙之子村で、のちに知多郡大高に移住したように記されているが、常閑と大高との関係を示す史料も確認されないので、それについて検証のしようがない。そして実名について、「吉房」としている。これについても、常閑は史料で確認される当初から、法名でしかみえていないので、やはり確認のしようがない。ただし秀吉家臣として存在していたのであるから、秀吉から「吉」字の偏諱《へんき》を与えられた実名を名乗っていたことは十分に推定できる。そのため実名が「吉房」であったことは、可能性としては十分に存在すると考えられる。

常閑は、文禄四年七月の秀次事件以降、史料所見がみられなくなるので、失脚したと推定されるが、それに関して「犬山里語記」には、

秀次公生害に至りて当君讃州に配す、慶長五年に帰洛、八月廿五日京六条本国寺において病死す、歳七拾九、

と記されている。秀次事件後の動向としては、唯一の所伝といえ、そのためこれまでも常閑についての記述に利用されている。しかし讃岐《さぬき》に配流されたこと、慶長五年（一六〇

〇）に、おそらく関ヶ原合戦後に帰京したことについては、他の史料によって確認することはできない。とはいえ死去の忌日や死去年齢については、事実に合致していることから、何らか正確な情報をもとにした記述と考えられなくもない。そのためそれらについては、有力な伝承情報として認識してよいと考える。

羽柴秀次の生年

三好常閑・瑞竜院殿夫婦の長男が、のちに秀吉の家督を継ぐ秀次である。秀次に関する研究は、秀次が関白・豊氏長者になり、羽柴家当主となっていることから、秀吉の一門衆のなかでは、最も多いといえる。研究書としても、藤田恒春氏（『豊臣秀次の研究』）・矢部健太郎氏（『関白秀次の切腹』）によるものが刊行されていて、良質の評伝書が藤田氏（『豊臣秀次』）によって刊行されている。その他の関係論文による成果も多く、それらにより秀次の事蹟については多くのことが解明されているといってよい。

しかしその一方で、秀次は羽柴家当主の地位にあったことから、その事蹟は膨大であり、いまだ追究が不十分な領域も多く存在している。例えば、発給文書の集成はいまだおこなわれていないし、家臣団についての解明もほとんどすすんでいないなどのことがあげられる。基礎的事実関係においても、十分に解明あるいは確定されているわけではない。そのためここで秀次の全体像について取り上げることは不可能なので、ここでは羽柴家家督になるまでの、秀吉一門衆として存在していた時期を中心に、一門衆としての政治的地位に関わる基礎的問題について取り上げることにしたい。

　そもそも秀次の生年についてすら、諸説がある。藤田氏・矢部氏の整理によると、永禄七年（一五六四）説、永禄八年説、永禄十年説、永禄十一年説の四説があげられている。典拠はいずれも当時の史料ではなく、そのため生年を容易に確定できない状況にある。そのなかで藤田氏は、これまでの通説であった永禄十一年説を採り、対して矢部氏は、永禄七年説をとっている。それらの典拠史料には一長一短があり、それらの比較検討だけでは妥当性を判断できない。そこでその後の秀次の動向をもとに、検討することが必要になる。

豊臣秀次画像 東京大学史料編纂所所蔵模写

　秀次に関する史料上の初見とみなされるのは、堀越祐一氏（『豊臣政権の権力構造』六二頁）によって指摘された事実で、天正九年（一五八一）五月二十一日に、村山与介という人物に知行七十石を与えた「折紙」の署判部分が残されていて、そこに「宮部次兵衛《じひょうえの》尉《じょう》吉継（花押）」の署判が記されていることになる。この史料については、藤田氏・矢部氏ともに取り上げていない。堀越氏はこの宮部吉継を、秀次の前身に比定している。花押型はのちに秀次が使用したものとは異なっているので、そこから同一人物と導き出すことはできないが、そもそも秀次が秀吉家臣であった宮部継潤の養子になったという所伝があったこと、通称の次兵衛尉に注目して、その通称は天正十三年から秀次が使用しているものになること、近江八幡山領時代に秀次の家老に付けられた田中吉政は、もとは宮部家家臣であったこと、などをもとにその推定を導き出している。

養父となる宮部継潤は、もとは近江浅井《あざい》家の家臣と伝えられ、織田信長の家臣になり、天正五年に秀吉に与力として付属され、但馬二方《たじまふたかた》郡を与えられて豊岡城主になり、天正八年に秀吉から因幡《いなば》統治を委ねられ、鳥取城主とされており、いわば秀吉の統制下で一国支配を担った存在になる（谷口前掲書「宮部継潤」参照）。その時点で一国の統治を担ったものとしては、秀吉弟の秀長（当時の実名は長秀）がいたにすぎないから、宮部の政治的地位は極めて高かったことがうかがわれる。すでに秀次が、宮部継潤の養子になっていたという所伝があったなか、天正九年に宮部吉継の存在が確認され、通称次兵衛尉はのちに秀次が称するものであること、実名の「吉」は秀吉からの偏諱であり、「継」は養父・宮部継潤の一字を継承したものとみなされること、秀次がのちに阿波三好康長の養子になるにともなって、宮部継潤由来の「継」字を、同訓の「次」に変えたとみなされることからも、この宮部吉継が、秀次の前身にあたることは確実ととらえられる。

これにより秀次は、天正九年の時点で、宮部継潤の養嗣子になっていて、仮名次兵衛尉、実名吉継を名乗り、家臣に所領を与えていることから、自身の所領を有し、かつ自身の家臣団を編成していたことがわかる。所領の所在地は判明しないが、宮部家の養嗣子という立場にあったことからすると、因幡で与えられていたことが考えられる。

そして秀次は、この時点で元服を済ませていたことがわかるが、これを生年についての諸説に照らし合わせると、永禄七年生まれの場合は一八歳、同十一年生まれの場合は一四歳にあたる。一般の元服年齢は一五歳であること、秀次があえて元服年齢を早めて独自の家臣団を編成しなければならない理由が見当たらないことからすると、一五歳未満にあたる永禄十一年説は排除されることになる。その他の永禄七年説、同八年説、同十年説はどれも天正九年時に一五歳に到達しているので、可能性は残される。

永禄七年説の典拠は「所三男氏持参文書」所収「豊臣秀次切腹覚書写」、同八年説の典拠は秀次の菩提寺の京都瑞泉寺伝来の秀次画像、同十年説の典拠は「東西歴覧記」引用の瑞龍寺過去帳、となる。矢部氏はそのなかで、最も当時の史料に近いのが「豊臣秀次切腹覚書写」であるととらえ、また内容の正確性の検討から、その記載を重視して永禄七年説を採っている。

ここでそれ以上の考証をおこなう余地はないが、永禄七年説と同八年説は、一年の違いなので、どちらかがどちらかの情報を誤記したものと思われるし、そのことは永禄十年説と同十一年説の関係についても当てはまるだろう。したがって生年についての所伝は四説あるものの、実態としては、大きくは永禄七年か同八年説と、同十年か同十一年説の二説に区分することができるだろう。そうすると永禄十一年説が成立しないとすれば、それと同種の同十年説も成立しないとみなすことができ、生年については永禄七年か同八年のいずれかの可能性が高いとみることができよう。しかしこれ以上の追究は不可能であり、いずれに確定できるのかは、引き続いて今後における検討課題として残さざるをえない。

永禄七年生まれの場合、母の瑞竜院殿は三三歳、父の常閑は三一歳にあたり、同八年生まれの場合は、それぞれ三四歳、三二歳にあたる。出産年齢としてはかなり遅いとはいえ、その場合、秀次以前にも出産があったが生まれた子はいずれも早世したか、結婚そのものが遅かったか、のいずれかと考えられる。瑞竜院殿の結婚が可能になったのは、秀吉が織田家家臣として所領を有する領主になり、その扶養をうけてのことと考えられる。瑞竜院殿の結婚は、秀吉がそのような立場になってからととらえられるので、常閑との結婚は、永禄五年、同六年頃のことと推測できる。そうすると同七年ないし同八年に生まれた秀次は、その第一子にあたったとみるのが妥当と思われる。

秀次が永禄七年ないし同八年生まれであったとしたら、元服は天正六年ないし同七年のことと推測される。仮名は次兵衛尉を称した。実名として確認できる「吉継」は、養父となる宮部継潤の一字を継承しているので、その実名は、宮部継潤の養嗣子になったことにともなって名乗ったものととらえられる。その場合、養嗣子化は元服後のことであったか、元服と同時のことであったのかが問題になり、前者の場合では、元服後に別の実名を名乗っていたが、養嗣子化にともなって「吉継」に改名したと考えられ、後者の場合では、元服当初から「吉継」を名乗ったと考えられることになる。いずれの場合も想定でき、現時点ではどちらかに決めがたい。これについても今後において引き続いて検討していく必要がある。

阿波三好家への養子入り

秀次のその後の動向として確認されるのは、天正十年（一五八二）十月二十二日のことで、秀吉から「三好孫七郎」と記されている（秀吉五二四）。これは阿波《あわ》三好康長の養嗣子になったことにともなうもので、それにより三好苗字、仮名も三好家に因む孫七郎に改称したことがわかる。また実名も、それにともなって「信吉」に改名した。「信」字は織田家の通字であるから、その偏諱をうけ、旧名の「吉継」に同字を冠して改名したととらえられる。三好康長の養子としては、それ以前には織田信長三男の信孝があったが、本能寺の変後、信孝は織田家家督候補者の立場を優先して、三好家とは離縁したととらえられる。それに代わって秀次が三好康長の養嗣子になったとみなされる。

養子入りの時期は判明しないが、それ以前の六月二十七日に、織田家の新体制を取り決めた清須会議がおこなわれていることを踏まえれば、同会議によって取り決められたものと推測される。秀次が、「信」字を与えられたのは、名目的には織田家当主の三法師（のち秀信）から、実態としては織田家運営の四宿老から与えられたものと推定される。このことから秀次の三好家養子入りは、織田家新体制の一環としておこなわれたものととらえられる。この時に秀次は、一九歳か一八歳になる。なお三好家への養子入りの時期について、天正九年秋から冬頃とみる見解があるが、明確な根拠をともなうものではない。織田信孝の存在を踏まえれば、清須会議後とみるのが妥当である。

秀吉は天正十一年四月の賤ヶ岳《しずがたけ》合戦の勝利により、織田家での主導権を確立するが、それをうけてみられたのが、秀次と織田家家老池田恒興《つねおき》の娘との結婚ととらえられる。これに関しては、「池田家履歴略記」巻二（『池田家履歴略記上巻』三九頁）に、

第二之御女〈御名不詳〉天正十年関白秀次〈此時は三好孫七郎と申而太閤之養子也〉に嫁し給ふへき約あつて、同十一年彼方にまゐり給ひ、正二位に叙し給ふ〈叙位之日くはしく知らす〉、秀次生害の後は何方におはせしにや其詳なる事知かたし、慶長六年八月七日薨し給ふ、御法名致祥院殿と申、洛東善正寺に葬れり、高野山に御位牌御安置、備前には御位牌もなし、

とある。これが秀次正妻についての概略を伝える、ほとんど唯一ともいえる情報ととらえられる。ちなみに「駒井日記」に秀次正妻として「政所様」「若政所様」が数ヶ所に所見されている（刊本二五・二六・四四・五八・七〇頁）。これについて、「一の台」菊亭晴季《はるすえ》娘にあてられることが多いが、「太閤さま軍記のうち」に、「関白秀次卿のわかまんどころ殿、羽柴三左衛門（池田照政）兄弟に候あひだ、三州（吉田城）へ送りつかはされ」（『太閤史料集』一六〇頁）とあることから、「政所」「若政所」と称されたのは、池田恒興娘・致祥院殿であったことを確認できる。そしてその呼称から、彼女が始終、秀次の正妻であったことがわかる。

彼女については、「東西歴覧記」引用の瑞龍寺過去帳にも記載されていて、

致祥院殿栄岳利盛、秀次政所、慶長十六年丑八月二十日

とある。これによって法名を知ることができる。ただし死去年と忌日について、「池田家履歴略記」とは相違している。死去年については、丑年《うしどし》は慶長六年にあたるから、同年が正しいととらえられる。忌日については、「七日」と「二十日」のどちらが正しいのかは、これらだけからでは判断できない。

先の「池田家履歴略記」によれば、秀次と致祥院殿は、天正十年に婚約を成立させ、同十一年に結婚したことがうかがわれる。天正十年の婚約は、同年十月からの織田家の内部抗争において、秀吉は織田家家老のうち丹羽長秀・池田恒興を味方に付けているので、おそらくそれにともなって、池田恒興との政治関係を深めるためにおこなわれたと推定される。そして同十一年での結婚は、四月の賤ヶ岳合戦での勝利により、秀吉が織田家での主導権を確立したのにともなって、戦争状態の解消をうけておこなわれたと推定される。

この時期の秀次の動向について検討した中村博司氏は（『豊臣政権の形成過程と大坂城』一六八〜七九頁）、秀次は天正十年十一月に、秀吉の命によって摂津兵庫城（神戸市）・三田城（三田市）を請け取っていることを指摘し（秀吉一八二四）、それは摂津国主の立場にあった池田恒興から秀吉方への割譲により、それと秀次と致祥院殿の婚姻が連動していたという推定を示している。

それに続いて中村氏は、秀次は、賤ヶ岳合戦後に、池田家が摂津から美濃に転封になったことをうけて、兵庫城から尼崎城（尼崎市）に本拠を移したこと、同十三年閏八月に近江八幡山領に転封するまで、尼崎城を本拠としていたことを指摘している。これらによって近江八幡山領転封までの秀次の動向は、かなりはっきりしてきている。

秀次は、天正十二年に苗字を三好から羽柴に改称し、実名を信吉から秀次に改名した。その詳細については、藤田氏（「羽柴秀吉の阿波攻めにおける秀次」）で示されており、また私も典拠史料を明示しながら述べている（拙著『羽柴を名乗った人々』五〇頁）。
すなわち、秀次の三好苗字についての終見は、同年三月十三日で（秀吉九六八）、六月二十一日が羽柴苗字を称した初見であり（『大日本史料一一編七冊』五三〇頁）、それまでに三好苗字を廃していて、同年十月十五日に実名秀次の初見で（「賜芦文庫文書」）、それまでに実名を改名したことが確認されている。羽柴苗字を称するようになったのは、秀次の政治的位置を、秀吉一門衆として明確化するためであった、と考えられる。

これに関わって明確にする必要があるのは、それによって秀次は三好家と離縁したのかどうか、ということであるが、そのことを判断できる材料はみられていない。しかしこの時期、秀次と三好康長の関係を示す史料はすでにみられていないので、三好家とは離縁し、秀吉一門衆の立場に特化したと考えてよいと思われる。

秀次は、三好家養子化にともなって、仮名孫七郎を称していたが、それについてはその後にも称していて、天正十三年九月十二日が終見になっている（秀吉一六二五）。そしてその後に通称として称したのは、元服後に、宮部家養子の時期に称していた「次兵衛尉」であった。

これについてはすでに諏訪勝則氏（「織豊政権と三好康長」拙編『羽柴秀吉一門』所収）によって指摘されていて、同年十月六日に左近衛権少将《さこのえごんのしょうしょう》に任官についての記載で、「二兵衛〈少将〉殿下之甥」（「兼見卿記」同日条〈刊本三巻一〇〇頁〉）とあり、通称を次兵衛尉を称していたことが確認される。この通称はその後も使用していたとみなされ、例えば「多聞院日記」天正十六年正月八日条（刊本四巻一〇七頁）に、「大納言殿（羽柴秀長）へ次兵衛殿ノ弟（秀保）為養子被越」とあることによって知られる。これらによって秀次が、天正十三年十月以降、仮名を孫七郎から次兵衛尉に改称したことは、確実とみなされる。

そもそも仮名孫七郎は、三好家入嗣にともなって称したものであることからすると、あるいはその廃止が、三好家との離縁にともなうととらえることも可能になる。その場合は、近江八幡山領への転封、少将任官にともなって、秀吉一門衆としての立場に特化することになり、それによって三好家と離縁した、という経緯も想定できることになる。また仮名次兵衛尉は、宮部家時代に称していたものであるが、その仮名が宮部家と一体のものであったとしたら、三好家と離縁ののちにそれに復すというのは、ただちに納得いくことではない。あるいは秀次は、元服後に宮部家に養子入りしたもので、当初からその仮名を称していて、宮部家養子入り後に、当初の実名から、養父宮部継潤の一字を採って「吉継」に改名した、ということも十分に想定できることになる。これらの問題も、すぐに解決できることではないので、今後も引き続いて検討していく必要がある。

羽柴家一門の有力者になる

秀次は、天正十三年（一五八五）閏八月二十二日に、近江八幡山領四十三万石を与えられた（秀吉一五八二）。この領知高は、秀吉一門衆のなかでは、秀吉弟・秀長に次ぐものになり、秀次は明確に、秀長に次ぐ地位を与えられたとみなされる。そして同年十月六日に、左近衛権少将に任官した（前掲「兼見卿記」）。この官位も、秀吉一門衆では、秀長の参議・近衛中将に次ぐものである。これにより以後は「羽柴近江少将」を称した。次いで同十四年に比定される五月三日付文書で「中将秀次」と署名していることから（『芦浦観音寺』三五六号・藤田前掲『豊臣秀次』四九頁）、それまでに近衛中将に昇進したことが知られる。同年に比定される七月二十一日付秀吉朱印書状（秀吉一九〇九）でも、「羽柴中将」宛になっている。これにともなって「羽柴近江中将」を称したととらえられる。

そして同年十一月五日に「少将〈殿下姪・孫七郎〉」とあり、秀吉に従って参内して、「各官位昇進」され、同月七日には「新宰相〈殿下姪〉」とみえていて、その五日に参議に任官したことが知られる（「兼見卿記」同日条〈前掲刊本一九七頁〉）。なお「兼見卿記」の記述をみると、秀次は少将から参議に昇進したように理解されるが、実際にはそれまでに中将に任官していて、それから参議に昇進したととらえられる。もっとも秀長の事例などにみられるように、秀吉の一門衆・親類衆においては、参議と中将は同時の任官である場合が多い。しかし秀次の場合は、中将に昇進し、そのうえで参議に昇進したとみなされることになる。同様の事例には、前田利家にみられている。それらの官位昇進の在り方とその意味については、今後において検討を続ける必要があろう。

秀次は参議昇進ののちは、「羽柴近江宰相」を称した。さらに同十五年九月十七日から同年十一月十五日までの間に、権中納言に昇進している（「兼見卿記」同日条〈前掲刊本二八四・二九三頁〉・藤田前掲書四九頁）。これにより以後は、「羽柴近江中納言」を称した。そして同十八年七月の関東仕置にともなって、改易された織田信雄の跡をうけて、尾張一国五十七万石余に加増転封され、同国清須城を本拠にした。さらに駿河・遠江《とおとうみ》・三河三か国六十九万石余が家老に与えられており、それらを合わせれば百二十万石余を管轄することになった。そして以後においては「羽柴尾張中納言」を称した。

同十九年正月に秀長が死去し、同年八月に秀吉嫡男の鶴松が死去し、秀吉の後継者が不在になった。秀吉には他に、養子として秀俊（のち小早川秀秋）がいたが、秀俊はまだ九歳にすぎない年少のためであろう、一門衆のうち最年長の秀次が、ただちに新たな後継者に立てられ、八月九日には「御家督・聚楽、中納言様へ被成御渡、上様大坂へ可被成御隠居旨候」と取り決められている（『愛知県史資料編13』二二〇号）。それをうけて秀次は、同年十一月二十八日に権大納言に任官して、諸大名中では筆頭の徳川家康（羽柴武蔵大納言）に並んで諸大名筆頭に位置し、次いで十二月四日に内大臣に任官して、諸大名を超越して、秀吉後継者の地位を確立し、十二月二十八日に関白に任官、豊氏長者に就任して、羽柴家当主になった（藤田前掲書九四〜六頁）。

こうして秀次は、羽柴家当主になったが、そこでの秀吉との関係については、実は明確ではない。これまで秀次は、秀吉の養子になって、その家督を継承したとみなされてきた。私も同様に秀吉の養子になったと考えてきた。また藤田氏も、「家督を譲るというからには、当然のことととして養子縁組を前提として考えねばならない」と述べている（前掲書九三頁）。

しかし現在のところ、秀吉が秀次と養子縁組したことを示す明証は確認されていない。養子縁組した場合、秀次は秀吉正妻の寧々とも養子縁組したと考えられるが、その形跡もみられていない。むしろ秀次の関白任官後、実父の三好常閑と実母の瑞竜院殿は、「三位法印様・大かみ様」として、秀次の父母として処遇されており（「駒井日記」文禄二年閏九月六日条〈刊本二頁〉など）、対して秀吉の家族については、「太閤様」「北政所様」「御ひろひ様」「同御袋様」などと記していて（「駒井日記」刊本九〇頁）、同一家の扱いにはないととらえられる。このことからすると、秀次は秀吉・寧々と養子縁組して、羽柴家当主になったのではなく、あくまでも甥の立場で、家督を譲られた、とみることも可能であろう。この問題については、今後において検討すべきものとなろう。

ちなみに「東西歴覧記」引用の瑞龍寺過去帳には、秀次については、

善正寺前殿下高巌道意、秀次公、文禄四年乙未七月十五日、二十九歳

と記されている。ちなみにこの記載が、秀次の永禄十年生まれ説の典拠になっている。

羽柴小吉秀勝の生年

小吉秀勝の生年については、「多聞院日記」天正十八年（一五九〇）十一月十四日条（刊本四巻二六八頁）に、「小吉殿、当年廿二才歟」とあり、その逆算によって永禄十二年（一五六九）生まれとみなされる。それに続けて、「中納言殿（羽柴秀次）の弟也」「一腹也云々」とあり、秀次の同母の弟であることが確認される。ちなみにこの「一腹」の部分について、かつて渡辺世祐氏（渡辺前掲書六七頁）や桑田忠親氏（『太閤家臣団』三七頁）は、それを「一眼」とみて、隻眼であったと紹介しているが、それはすでに福田千鶴氏（『江の生涯』七四頁）が指摘しているように、誤読によるにすぎず、秀次と同腹であることを表記したものになる。

小吉秀勝については、「東西歴覧記」引用の瑞龍寺過去帳に、

光徳院前参議清巌、秀次公弟丹波少将秀勝、天正二十年壬辰九月九日

とあるように、天正二十年（文禄元年・一五九二）九月九日に死去したことが確認され、その時の年齢は二四歳になる。ちなみに江戸時代成立史料のなかで、死去年齢について唯

一記しているとみなされるのが、嘉永四年（一八五一）成立の飯田忠彦「大日本野史」（『訳本大日本野史三』一三三頁・「大日本史料稿本」文禄元年九月九日条）で、「系図」を典拠に「歳二十七」と記している。その逆算による生年は、永禄九年になる。通説よりも三年早いものとなっている。しかしその典拠の「系図」が何にあたるのかは確定されていない。

これに関連して、ルイス・フロイス「日本史」の記述に、天正十五年のこととして、「関白の甥に当り、丹波国の領主で丹波少将殿と称せられる十九歳の若者」（『完訳フロイス日本史4〈中公文庫〉』一九九頁）とあり、天正十五年に数え年一九歳で逆算すると、生年は永禄十二年になる。これは「多聞院日記」の記載内容に一致することから、小吉秀勝の生年は、永禄十二年に確定できる。ただしここでフロイスが記す年齢が、日本式の数え年なのか、西洋式の満年齢なのかという疑問も残る。満年齢とすれば、逆算による生年は一年さかのぼり、永禄十一年になる。フロイスの認識がいずれであったのかは確定できないが、「多聞院日記」の記載内容に一致することから、数え年による表記と考えてよいだろう。

母の瑞竜院殿が三八歳の時の生まれになる。兄の秀次からは四、五歳の年少にあたる。瑞竜院殿の年齢は高いように思われるが、三〇歳代後半での出産は、当時でもみられたことであった。何よりも「多聞院日記」に秀次と「一腹」と記されていることから、瑞竜院殿の実子であったことは確実である。なお秀次との間に、四、五年の生まれの差があることからすると、瑞竜院殿はその間に、一人ほど出産していた可能性が想定される。しかし成長しないまま死去したとみなされる。

浅井江との結婚

小吉秀勝についての当時の史料での初見は、天正十三年（一五八五）九月四日に、秀吉が家臣一柳直末に与えた朱印書状で、「小吉」に近江勢田城（大津市）を与えたことが述べられているものになる（秀吉一六一五）。この時、一七歳であったから、すでに元服していたとみなされる。したがって「小吉」は、元服後の通称であったとみなされる。またこれによって勢田城周辺で所領を与えられたことがうかがわれる。

もっとも当時、小吉秀勝は摂津で所領を与えられていたことがうかがわれ、同年九月十八日に、摂津安岡寺（高槻市）に寺領を保障する証文を出している（拙編『羽柴秀吉一門』第3部二「小吉秀勝文書集」二三号）。続いて同年九月吉日に摂津富田宿久（高槻市）に掟書を出していて（同前二四号）、この時期、所領が摂津を中心にしたものであったことがわかる。同国は兄・秀次の領国であったから、その関係から同国で所領を与えられていたと考えられる。また両文書では、「羽柴小吉秀勝」と署名していて、この時期から実名秀勝を名乗っていたことが確認される。

かつては、秀吉養嗣子の次秀勝の死去後に、その遺領を継承したことをもとに、同じく秀吉の養子になって、実名秀勝を襲名したととらえられてきた（渡辺前掲書六七頁・桑田前掲『豊臣秀吉』など）。しかし小吉秀勝は、次秀勝の死去以前から実名秀勝を名乗っていたことになるので、そうした見解は成立しない。たまたま小吉は、元服にともなって（天正十一年のことと推定される）、次秀勝と同じ実名を名乗ったものととらえられる。

また小吉秀勝が、秀吉の養子になったことについても、当時の史料では確認されない。例えば「多聞院日記」天正十七年七月二十七日条には「小吉殿〈関白殿のヲイ歟〉」（刊本四巻一九一頁）、同年十月八日条に「羽柴小吉殿とてヲヰ也」（同前一九九頁）とあり、あくまでも「甥」としか記されていない。このことから小吉秀勝は、秀吉の養子にはなっていなかったとみるのが適切である。このことについてはすでに拙著『羽柴を名乗った人々』でも記しているが、あらためて提示しておきたい。

徳川秀忠室［浅井氏］画像（伝）
東京大学史料編纂所所蔵模写

同十三年十月十三日に、山城淀城（京都市伏見区）で浅井江（崇源院殿）と結婚した（「兼見卿記」同日条〈前掲刊本一〇八頁〉）。これについては早くに、岡田正人氏（「将軍秀忠夫人となったお江」小和田哲男編『浅井三姉妹の真実』所収）によって指摘されている。史料には、「関白殿の姪〈ヲイ〉小吉御祝言」とあるにすぎないが、秀吉がわざわざ参加しての「祝言」であるから、江との結婚とみなされる。またこれによれば、淀城で婚儀がおこなわれているので、小吉秀勝もしくは江は、この時に同城に居住していた可能性が考えられる。

これに関して近時、福田氏は、淀城はのちに浅井茶々の居城になることから、茶々・江姉妹はこの時には同城に在城していたととらえる見解を示している（『高台院』六〇頁）。これより以前の九月に、小吉秀勝は近江勢田城を与えられていたとすれば、淀城に茶々・江姉妹が在城していたとみることは可能だろう。その際に、淀城の性格が問題になるが、同城はそれまで秀吉の山城における拠点であった山崎城（大山崎町）に代わるものであったこと、この江の結婚をうけて、茶々は秀吉と結婚することからすると（拙著『お市の方の生涯』）、すでにこの時点で秀吉と茶々の結婚を前提に、茶々・江姉妹が淀城に居住していたとみることができるかもしれない。

娘完子の動向

小吉秀勝と江との間には、その後に娘の完子《さだこ》（?～一六五八、天真院）が生まれるが、その生年は判明していない。完子の概略については、福田氏によって詳しく記されている

（『江の生涯』八八～九〇頁）。

父小吉秀勝の死去後、母の江は秀吉のもとに引き取られ、文禄四年（一五九五）九月に徳川秀忠と再婚するが、その後は、伯母《おば》の茶々に養育され、その「猶子」とされた。そして慶長九年（一六〇四）六月三日に摂関家・九条忠栄《ただひで》（のち幸家、一五八六～一六六五）と結婚した。なお彼女の生年について、小吉秀勝が死去した文禄元年と推測しているものがあるが（小和田哲男『戦国三姉妹』・宮本義己『誰も知らなかった江』など）、それは小吉秀勝と江の結婚を同年とみる推定を前提にしたものでしかない。小吉秀勝と江の結婚は、天正十三年のこととみなされるから、その推定はそもそも成立しない。

完子は九条忠栄との間に、慶長十二年から寛永二年（一六二五）にかけて四男三女を産んだとされている。長男二条康道を産んだ時に二〇歳とみると、その生年は天正十六年（一五八八）と推定される。ただし「柳営婦女伝系」のうち「崇源院殿之伝系」（『徳川諸家系譜第一』一七八頁）では、所伝に錯誤がみられるものの、完子に相当する記載に、「御息女二人を産し給う」「後に台徳院殿（徳川秀忠）御養女として、二人共に本願寺東西両門跡に嫁せしめ給う」とあることからすると、完子の実子は、長女で慶長十三年生まれの東本願寺宣如妻と、次女で同十八年生まれの西本願寺良如妻の二人だけであった可能性が高い。そうすると、慶長十三年に二〇歳とみると、生年は天正十七年と推定される。事実の解明は今後の課題であるが、おおよその推定にはなるだろう。

また完子については、例えば「武家事紀」に、「息女岐阜中納言秀信室、再嫁九条家」などと記されていることから（刊本上巻五五五頁）、小吉秀勝の死後、その遺領を継承した織田秀信（一五八〇～一六〇五）の妻となり、その後に九条忠栄と再婚したと理解されることがある。そのことについては、これまで十分に検証されていない。

そうしたなかで、「駒井日記」文禄三年二月三日条（刊本九四頁）に、「岐阜宰相様御内様（江）」に並んで「岐阜中納言様（織田秀信）御内様」が記されていることが注目される。このことから、すでに小吉秀勝は死去していたものの、いまだ小吉秀勝家（岐阜羽柴家）の枠組みは存続していて、江も小吉秀勝後室として存在していたことがわかる。そのうえでそれに並んで織田秀信妻が記されているのであり、この記載の在り方からすると、織田秀信妻は、小吉秀勝・江の娘であったと考えられることになる。織田秀信妻については、同年二月四日条にもみえている（同前九八頁）。このことから、文禄三年二月までは、小吉秀勝家は存続していたととらえられ、後室の江は、翌四年九月に同家と離縁し、秀吉のもとに引き取られ、その養女とされたうえで、徳川秀忠と再婚した、という経緯にあったととらえられる。

これにより小吉秀勝・江の娘が、織田秀信妻であったことは確実ととらえられるが、それが完子と同一人物かは確定できない。小吉秀勝・江の娘としては、早くても天正十五年の生まれになり、小吉秀勝死去時には六歳にすぎない。「駒井日記」での登場は、ちょうど社会的認知をえられる八歳にあたっているので、所見状況とは矛盾はない。そして完子の生年が、同十七年だったとすれば、両者は別人物になろう。あるいは完子を同十五年の生まれとみれば、両者は同一人物の可能性は残る。その場合は、慶長五年（一六〇〇）の関ヶ原合戦によって織田秀信が没落したことによって、離婚し、伯母の茶々に引き取られた、という想定になろう。事実関係の解明のためにはさらなる追究が必要であるが、少なくとも小吉秀勝・江の娘が、織田秀信妻になったことは確実とみなすことができよう。

ただし、娘が生まれたと推定されるとき、江は一五歳、あるいは一七歳にあたることからすると、それらの娘は江の実子ではなかったことも想定される。そうであるからこそ、小吉秀勝家と離縁して、徳川秀忠と再婚したとも考えられる。これについては引き続き検討していく必要があろう。

一門衆としての小吉秀勝

小吉秀勝は、天正十三年（一五八五）十二月十日に丹波亀山領を領知していた次秀勝が死去したことをうけて、同十四年に亀山領を与えられて領国大名となり、亀山城を本拠にした。亀山領統治のための発給文書は、同年十月からみられている（「小吉秀勝文書集」二五号）。その間の三月二十九日に、秀吉は亀山城に赴いていて（「兼見卿記」同日条〈前掲刊本一五三頁〉）、それは同領の接収のためと考えられる。そうするとその後に、亀山領を与えられたと考えられる。

天正十五年正月一日には、「羽柴丹波少将」とみえていて（秀吉二〇七二）、それまでに右近衛権少将に任官していたことが確認される。小吉秀勝の官職としては、これが確認される最初になる。秀吉による武家官位において、公家成は侍従任官によっておこなわれているが、小吉秀勝について、侍従任官に関する徴証はみられていない。しかし兄の秀次も初官は少将であったことからすると、小吉秀勝の場合も初官が少将であったとしても不思議ではない。少将任官によって、この時点での小吉秀勝の秀吉一門衆での地位は、秀長・秀次に次ぐ第三位にあった。そして以後は「羽柴丹波少将」を称した。なお同年九月十七日に、秀長・秀次に続いてみえる「舎弟侍従」は（「兼見卿記」同日条〈前掲刊本二八四頁〉）、小吉秀勝のことになる。すでに少将に任官していたが、同じく少将になっていた宇喜多秀家も、それに続いて「浮田侍従」と記されているので、これは記者の錯誤とみなされる。

天正十七年七月二十七日に、秀吉に亀山領では領知高が少ないと訴えたことで、秀吉から勘当をうけて亀山領の除封が決められ、秀長が請取のため亀山領に赴いている（「多聞院日記」同日条〈前掲刊本一九一頁〉）。そして十月八日に秀吉から、九月二十五日に死去した蜂屋頼隆（羽柴敦賀《つるが》少将）の遺領越前敦賀領五万石への転封を命じられている（同前一九九頁）。しかし敦賀領への転封は実際にはおこなわれなかった。十一月五日に秀吉から勘当を解かれて、「美濃国にてハチヤ（蜂屋頼隆）アト五万石被下了」（同前二〇四頁）とあり、勘当を解かれたことと領知を与えられたことが知られる。

　ここでは領知は蜂屋頼隆遺領と書かれているが、「美濃国」とあって齟齬《そご》している。正しくは美濃大柿領であり、同年十一月下旬に「大柿の少将」とみえていて（秀吉二九〇六）、勘当を解かれるにともなって大柿領を与えられたことが知られる。領知高は判明しないが、翌年の小田原攻めにあたって二八〇〇人の軍役を課されていることをもとに逆算すると、領知高は五万六千石と推定される。これによって「羽柴大柿少将」を称した。

　しかし天正十八年七月の関東仕置にともなって、甲斐《かい》一国二十二万石余を与えられ、領国大名とされて、躑躅《つつじ》が崎城《さきじょう》（甲府市）を本拠にした。これにともなって「羽柴甲斐少将」を称した。直後の八月三日から、甲斐統治のための発給文書がみられている（「小吉秀勝文書集」三〇号）。甲斐支配については、同十九年二月二日まで、家臣による支配が確認されているが（『山梨県史資料編8』二九号）、同月十五日から、小吉秀勝に代わって甲斐を領知した加藤光泰による支配が開始されているので（同前三二号）、その間に甲斐から転封になったことが知られる。

　新たな領知は、美濃岐阜領十三万三千石で、池田照政（羽柴岐阜侍従）が三河吉田領に転封された跡をうけたものになる。岐阜領に南接する尾張国は、兄・秀次の領国にされていたから、それにあわせて転封されたと考えられる。岐阜領については、同年四月から統治のための発給文書がみられるようになっている（「小吉秀勝文書集」三七号）。これによって「羽柴岐阜少将」を称した。

天正十九年八月九日には、兄の秀次が秀吉の家督継承者に定められたことをうけて、「岐阜少将」に秀次領国の尾張国を与えることが検討されている（『愛知県史資料編13』二一〇号）。しかしそれは実現されることはなく、岐阜領からの変更はなかった。そして同二十年（文禄元年）正月二十九日に、参議に昇進し（「小吉秀勝文書集」三八号）、以後は「羽柴岐阜宰相」を称した。この時点で、秀吉一門衆の最高位には、この時に権中納言に昇進した羽柴秀保・同秀俊があり、小吉秀勝はそれより下位に位置していた。そしてすでに参議に任官していた秀吉親類衆の宇喜多秀家（秀吉養女「ごう」婿）・前田利家（秀吉妻摩阿《まあ》・養女「ごう」父）・徳川秀忠（秀吉養女小姫《おひめ》婚約）に、ようやく並んでいる。小吉秀勝の政治的地位は、おそらく天正十七年における秀吉からの勘当の影響で、官職昇進が遅れることになり、その分低下していたと思われる。それでもここで参議に昇進したことで、ようやく親類衆の宇喜多秀家らに追いついたととらえられる。

その後、文禄元年（一五九二）三月十三日に八〇〇〇人の軍役をもって朝鮮渡海のため、壱岐《いき》での在陣を命じられ（秀吉三九八四〜九）、四月二十四日には壱岐での秀吉御座所普請を命じられたとみられ（秀吉四〇二二）、五月三日には秀吉から、本田利朝率いる軍勢一万人の到着をうけて壱岐から朝鮮に渡海するよう命じられ（秀吉四〇六九）、同月十六日には朝鮮での秀吉御座所の普請を割り当てられている（秀吉四〇九四〜五）。また同日に、秀吉の朝鮮攻略後の統治案において、朝鮮には小吉秀勝もしくは宇喜多秀家を置くとされている（秀吉四〇九六〜七）。

小吉秀勝が、秀吉一門衆として重視されていたことが知られる。七月九日には、対馬《つしま》から朝鮮に渡海を命じられているので（秀吉四一九七）、それまでに壱岐から対馬に進軍していたことが知られる。同月十四日には、巨済島への進軍を命じられていて（秀吉四二〇五）、同月十六日には同地での城郭普請の統括者を命じられている（秀吉四二一一〜二）。ところが九月五日には、病態になっていたことがうかがわれる。藤堂高虎が秀吉に送った「去月五日書状」にそのことが記されていた（秀吉四二六二）。ただし該当文書は写本で、秀吉はそれに九月二十二日に返書しているので、「去月五日」は「去五日」の誤写ととらえられる。これにより小吉秀勝は、九月五日には病態になっていたことが知られる。そしてその直後の九日に死去したのであった。

小吉秀勝には後継者が不在であったため、その領知は、織田秀信に継承され、小吉秀勝の死去から三か月後でしかない文禄元年十二月十日には、領国支配を開始しているから（『岐阜県史史料編古代・中世4』一〇三二頁）、領国の継承はすぐにおこなわれたことがうかがわれる。そしてその際、先に述べたように、小吉秀勝の娘が秀信の妻となったとみなしてよく、秀信は小吉秀勝の娘婿として、その遺領と家格を継承したととらえられる。

織田秀信の地位

ここで小吉秀勝の娘婿として、その遺領を継承した、織田秀信について簡単に取り上げておきたい。秀信はよく知られているように、織田家当主であった織田信忠の嫡男である。天正八年（一五八〇）生まれで、幼名を三法師といい、天正十年六月の本能寺の変で、祖父で天下人の信長、父で織田家当主の信忠がともに戦死したことにより、織田家の家督を継いだ。しかしその後、織田家で内部抗争がおき、そのなかで秀吉が、信長次男の信雄を織田家当主に擁立したことで、秀信の立場は、織田家継承予定者に後退した。また同十一年には、信雄とともに安土城から退去し、その時は近江坂本城（大津市）に居住した。

その後しばらくの動向は確認されず、天正十六年四月の聚楽第行幸に際して、元服し、従五位下・侍従に任官され、公家成大名とされている。時に九歳であった。仮名は織田弾正忠家歴代の「三郎」を襲名して、「織田三郎侍従」を称した。なお先著『羽柴を名乗った人々』では、同十二年の小牧・長久手合戦に、秀吉方の武将としてみえる「織田三郎」を、秀信に比定したが、その時はわずか五歳にすぎないことから、それは秀信ではなく、織田信兼の嫡男・信重に比定するのが妥当と考えるため、訂正しておきたい。

なお天正十八年五月十六日に、「下の若公、城介（織田信忠）御息」がみえている（「兼見卿記」同日条〈刊本四巻四七頁〉）。秀信については他の箇所では、一様に「三郎殿」と記されているので（同書四頁など）、それは秀信とは別人とみなされ、すなわち弟にあたるとみなされる。しかしその後の動向は、ほとんど明確にはなっていない。

秀信は元服・公家成大名化とともに、何らかの領国を与えられたと思われるが、それについては明確ではない。そうしたなかで、「兼見卿記」天正十九年五月十八日条（前掲刊本一五九頁）に、

近日三郎殿、高島大溝より大津へ御座の由也、

とあって、この時に、近江大溝領から同大津領に転封される予定にあったことがみえている。大溝領については、同年正月までは京極高次（羽柴大溝侍従）が領知していることが確認されるが（『鹿児島県史料　旧記雑録附録二』七三頁）、高次は翌年の文禄元年（一五九二）には近江八幡山領を領知していて、その間に大溝領から八幡山領に転封されたことが知られる。このこと

織田秀信画像 東京大学史料編纂所所蔵模写

から秀信は、天正十九年正月ののちに京極高次が八幡山領に転封になったあとに、大溝領を与えられていたとみなされる。秀信はこの時、一二歳であることをみると、これが初めて与えられた領知であったかもしれない。

そして秀信は、それから五月には、さらに大津領への転封が予定されていたことがわかる。実際に転封があったのかは確認できないが、大溝領よりも大津領のほうが政治的地位は上に置かれていたことがうかがわれる。ちなみに秀信が去った大溝領には、織田秀雄(三法師)が入部していることが確認される。秀雄が実際に大溝領を領有していたことが確認されるのは、それから二年後の文禄三年(一五九四)、一二歳のことになる(拙著『近世初期大名の身分秩序と文書』二九五頁)。そのため領知拝領の時期は判明しないが、この天正十九年のことであった可能性もあるかもしれない。

そして秀信は、大津領に転封されたものの、それからわずか数か月後、小吉秀勝の死去にともない、その娘婿となって、岐阜領を継承したのであった。秀信が去った大津領には、文禄四年七月の秀次改易をうけての領国配置再編のなかで、八幡山領から京極高次が転封されてくる。かつては京極高次が去った領知に、秀信が入封していたが、ここでは秀信が去った領知に、逆に高次が入封していることになるから、秀信は岐阜領転封にともなって、家格を上昇させて、高次を超えたことがうかがわれる。

秀信は、文禄二年三月までは「羽柴岐阜侍従」でみえている。これにより秀信が、羽柴苗字を称していたことが確認される。秀信は侍従任官当初は、織田苗字のままであったが、その後に羽柴苗字を与えられたとみられる。その時期は判明しないが、大溝領など領知を与えられたことにともなうかもしれない。

そのうえで同年五月には「岐阜中納言」でみえていて、その間に従三位・権中納言に昇進している（前掲拙著一二一頁）。これは近衛少将・同中将、さらには参議をも飛び越えての昇進であり、秀信の政治的地位が急速に引き上げられたことがわかる。しかも秀信は、まだ一四歳でしかなかった。この急激な身分上昇は、小吉秀勝家を継承したことにともなうと考えられる。参議であった小吉秀勝家を継承したため、それを引き継いで中納言に昇進したととらえられる。この時に中納言に任官していたのは、前年に同官に任官していた羽柴秀保・同秀俊と徳川秀忠だけであった。秀信はいきなり、それら秀吉一門衆と同列に位置付けられた、とみることができる。

そうしたなかで興味深いのは、まだ小吉秀勝家を継承する以前の時期から、秀信が秀忠・秀俊と全く同等の政治的地位に位置していたことである。「兼見卿記」天正二十年（文禄元年）九月十八日条（刊本四巻二三〇頁）に、「家康御息新中納言（秀忠）・金五（秀俊）・三郎殿（秀信）」、同文禄二年十月三日条（刊本五巻一〇〇頁）に、「家康息中納言、次三郎殿、次金五殿」という具合である。これらによって、秀忠と秀信は、秀吉養子であった秀俊と全く同等の地位に位置付けられていた、とみることができる。

そしてそれ故に、小吉秀勝が後継者のいないまま死去したことで、秀信がその娘婿となって、遺領を継承することになったと考えられる。そうした場合、秀信はそれをうけて急激に身分上昇を遂げていることからすると、小吉秀勝の娘婿となった可能性は否定できないように思われる。

徳川秀忠と織田秀信は、秀吉の血縁ではなかったが、ともに若年の時点で、秀吉の一門衆と全く同等の政治的地位に位置付けられていた、極めて特異な存在とみなされる。そしてさらに二人に共通していることがある。秀吉から与えられた文書でも、羽柴苗字を省略されていたことである。それは秀吉から、全く一門衆として扱われていたことを推測させる。ちなみに同様の待遇にあった者には、ほかには徳川家康と京極高次がみられる。もっともそれらは、あくまでも残存史料からの推測にすぎないので、今後における新出史料の出現に左右されることになるので、これからも十分に注意してみていくことが必要になる。

とはいえ秀忠と秀信が、一門衆として存在していたことは、かなりの確度でいえるように思われる。その場合、秀忠が朝日（南明院殿）の養子にして秀吉養女（小姫・浅井江）婿、という立場にあったことからすると、秀信も小吉秀勝の婿養子、という立場にあったことは十分に想定できるように思う。

羽柴秀保の生年

秀保の事蹟については、北堀光信氏（『豊臣政権下の行幸と朝廷の動向』）による検討がある。そのため以下では、基礎的事実関係について取り上げるものとする。

秀保の生年に関する史料としては、「言経卿記」文禄四年（一五九五）四月二十日条（刊本六巻二五八頁）に

一昨日大和中納言〈殿下（秀次）御弟〉御遠行也と云々、不可説々々々〈十七才也と云々〉、

とあり、文禄四年に一七歳で死去したと記されていて、その逆算により、生年は天正七年（一五七九）であることが知られる。それに関しては、「東西歴覧記」引用の瑞龍寺過去帳にも、

瑞光院贈亜相花巌妙喜、秀次公末弟、文禄四年乙未四月十六日、十七歳、

とあり、また「諸寺過去帳中」所収「高野山過去帳」にも、

瑞光院増亜相花岳好春〈大和中納言、文禄四年卯月十六日卒、十七歳〉

とあり、死去年齢は一致している。したがって秀保は天正七年生まれと確定され、父三好常閑が四六歳の時の生まれになる。

しかしその妻瑞竜院殿は、四九歳になっているので、秀保は彼女の実子ではなかったと考えられる。秀保の実母については不明であるが、瑞竜院殿が出産できない年齢になって以降に、常閑は妾をもち、そこから生まれたととらえられる。そのうえで秀保は、瑞竜院殿と養子縁組したととらえられ、瑞竜院殿が母として存在していたことが確認される（「常閑文書集」六七号など）。

なお「太閤素生記」には、「三男辰千代丸と号すは、秀利大納言養子、十三歳にて南都猿沢の池にて水をあひ水に溺れ死さる」と記されていて（刊本三〇七頁）、あたかも幼名は「辰千代丸」といったようにも思われるが、秀長の実名を「秀利」とし、これは「秀俊」との混同とみられ、そのため「辰千代丸」も、秀俊の幼名と伝えられる「辰之助」との混同とみなされ、信用し難いだろう。また死去年齢を一三歳としているが、これは明確な誤りである。

さらに死去の経緯について、溺死としているが、これも当時の史料に合致しない。「駒井日記」文禄四年四月十日条（刊本二一七頁）に「大和中納言様（秀保）とつ川にて御煩出被成」、「多聞院日記」同月十二日条（刊本五巻一一頁）に「中納言（秀保）トツ川へ入、煩とて方々祈禱在之」とあり、大和十津川《とつかわ》で病気になったことが知られる。同所は、温泉施設をともなった秀長家の別荘ないし療養所であったとみなされ、そこで療養したものの、快復することなく死去したとみなされる。そのため溺死というのも、全くの誤伝である。

ちなみに幼名については、別の所伝がみられている。「高山公実録」が、「郡山城主記」を引用して、「鍋丸」と記している（『高山公実録上巻』一九九八年）。同史料は第六章でも取り上げるように、重要な情報を記していると認識できるものになる。そのため秀保の幼名を「鍋丸」とするのも、貴重な所伝と考えられる。今後における検証が必要だが、現時点においては、秀保の幼名を鍋丸とみてよいだろうと考える。

秀長の養嗣子になる

秀保に関する史料での初見は、天正十六年（一五八八）正月八日に、叔父《おじ》・秀長の養嗣子に迎えられていることである。「多聞院日記」同日条（刊本四巻一〇七頁）に、「大納言殿（秀長）へ次兵衛殿（秀次）の弟、養子として越さる」とある。秀長には後継者が不在であったため、最年少の甥にあたる秀保を養嗣子に迎えたとみなされるが、この時には秀長に長女が生まれていたとみなされ、当初からその婿にすることを予定していたと考えられる。

また養嗣子となるにともなって、秀長正妻の慈雲院殿（生没年・出自未詳、慈雲院殿芳室紹慶大禅定尼）と養子縁組したととらえられる。秀長死去後、秀保が当主になってからの時期に、慈雲院殿は「大かた様」「大和大かた様」とみえていて（「駒井日記」刊本一二三〜四・一二六頁）、秀長家の「家」妻として存在していたことが確認されることによる。秀長正妻の慈雲院殿については、第六章であらためて取り上げる。

秀保は、秀長の養嗣子になって三か月後の天正十六年四月十四日の聚楽第行幸において、その行列に供奉して、「御虎侍従」とみえている（秀吉二四五〇）。すでに北堀光信氏が明らかにしているように（北堀前掲書一六五頁）、これは別の史料で、「大和大納言養子」に該当することから（「当代記」巻二〈『史籍雑纂第二』五五頁〉）、秀保にあたるととらえられる。

これにより、聚楽第行幸にあわせて、侍従に任官され、公家成大名にされていたことがわかる。秀保はこの時、一〇歳でしかなかったが、元服したとみなされる。また「御虎」が幼名であったことが知られる。そうであれば、秀長の養嗣子になったのにともなって、幼名を改名したとみられる。ちなみに同時に侍従に任官したものに、九歳の織田秀信（織田三郎侍従）、七歳の羽柴秀俊（金吾侍従）があった。秀保はそれらと同等の処遇をうけたととらえられる。その直後にあたる九月には、「大和侍従」でみえていて（北堀前掲書一六七頁）、「羽柴大和侍従」を称したことが知られる。

天正十八年四月七日の、秀吉による紀伊熊野山如意輪堂寄進鰐口についての志趣書に、秀長に続いて、秀長正妻（「大納言内方」）・慈雲院殿）・秀長娘（「大納言息女」）に続いて、秀保（「侍従公〈大納言養子也〉」）がみえている（「多聞院日記」同日条〈前掲刊本二四〇頁〉）。同秀保妻となることが予定されていた秀長娘のほうが、地位が上にあったことがわかる。同年十月二十日に、秀長の重態をうけて、秀吉はその領国のうち、大和・紀伊は秀保に継承させるが、和泉・伊賀は別人に与えることを決めている（「多聞院日記」同日条〈前掲刊本二六二頁〉）。

この時は秀長は快復したものの、その後に再び重態になり、それをうけて、天正十九年正月に「大納言ムスメ四、五才歟、コレト養子侍従殿ト祝言」（同前二七七頁）と、四、五歳にすぎなかった秀長娘と結婚した。秀長娘は、天正十五年、十六年の生まれとみなされる。同十六年生まれの妹（きく・大善院殿・毛利秀元妻、一五八八〜一六〇九）の存在からみて、おそらく同十五年の生まれと推定される。

秀長の家督を継ぐ

そしてそれからわずか数日後、天正十九年（一五九一）正月二十二日に秀長は死去した。閏領国のうち大和・紀伊・和泉南部を継承し、大和郡山城（大和郡山市）を本拠にした。閏正月五日には、兄の秀次が郡山城に赴いてきて、秀長遺領について処置している（同前二八一頁）。そして秀保は、同年八月二十二日に領国統治を開始している（拙編『羽柴秀吉一門』第3部三「秀保文書集」四二号）。これにより秀保は、秀吉にとって最有力一門衆であった秀長家（大和羽柴家）の当主になった。

それをうけて天正十九年四月九日に正四位下に、続いて同年九月二十一日に参議に昇進し（『新潟県史資料編3』一〇二〇号）、以後は「羽柴大和宰相」を称した。この昇進は、近衛少将・同中将を飛び越えたものになるが、それは秀長家が「清華衆」の家格にあったことによる。この時点で、秀吉一門衆の筆頭には、実兄の秀次があったが、直後には羽柴家当主になっていて、それをうけて秀保が筆頭に位置するようになっている。秀長家当主の立場にあったため、次兄の小吉秀勝よりも上位に位置した。

次いで天正二十年（文禄元年）正月二十九日に、従三位・権中納言に昇進し（同前）、以後は「羽柴大和中納言」「羽柴郡山中納言」を称した。一門衆筆頭に位置するとともに、諸大名中でも権大納言の徳川家康に次ぐ地位に位置した。

そうして文禄三年（一五九四）三月二日に、秀長娘と婚儀をおこなっている（「多聞院日記」同日条〈前掲刊本四四二頁〉）。この時、秀長娘は七歳か八歳になっているので、それにともなって正式に婚儀がおこなわれたととらえられる。またここからすると、秀長娘は、天正十五年生まれであれば、ちょうど社会的に認知される八歳にあたることになるので、彼女の生年は天正十五年の可能性が高いとみなされるだろう。

ちなみに秀長娘は「ソハムスメ」、すなわち庶出で、母は「秋篠ノ沙弥ノ子」（摂取院藤誉光秀大比丘尼〈一五五二～一六二二〉にあたる）であったことが知られる。「駒井日記」翌日条（刊本一二二頁）には、秀保（「中納言様」）に続いて「御うへさま」「大和御うへさま」とみえている。けれども彼女についての史料所見は、これが最後になっていて、その後の動向は判明していない。彼女とその母については、第六章であらためて取り上げる。

しかし秀保は、文禄四年四月十六日に、病気により一七歳で死去した。後継者は不在であったため、領国は接収された。またこれによって、秀吉一門衆筆頭に位置していた秀長家は断絶した。

第六章　秀長の妻と子供たち

ここでは秀長の妻と子どもたちについて取り上げたい。これまで秀長の家族については、十分に検証されてきておらず、多くのことが不明確のまま残されていた状況にあった。そのためここでは、できるだけ史料によりながら、それらの概略についてまとめていくことにする。なおそこでは、柴裕之氏（「羽柴（豊臣）秀長の研究」同編『豊臣秀長』所収）の研究成果を多く参照している。

ここで具体的に取り上げるのは、秀長の正妻・慈雲院殿、最初の嫡男・与一郎、与一郎の妻でその後に秀長の養女になった岩（知勝院殿）、与一郎死去後に養子に迎えた千丸（藤堂高吉）、秀長の別妻で長女母の摂取院、秀長の長女で秀保妻、秀長の次女・きく（毛利秀元妻・大善院殿）、の七人である。養嗣子の秀保については、すでに第五章で取り上げているので、ここでは省略する。以下、それぞれについて具体的に述べていくことにしたい。

秀長の妻・慈雲院殿

秀長の正妻は、法号を慈雲院殿といった人物である。なお法号について、「森家先代実録」（刊本九九頁）には「智雲院」と記されていて、そのためその表記で示される場合もみられているが、正しくは慈雲院殿である。その法号については、天正十九年（一五九

一）十一月から翌文禄元年（一五九二）九月の間の作成と推定されている「誓願寺奉加帳」（『誓願寺文書の研究』二〇一頁）に、

柱一本　大光院殿（秀長）御為大和様
　　　　慈雲院殿
柱一本　賢松院殿御為　同
柱一本　陽〔養〕春院殿御逆修同

とみえている。奉加の日にちは明確ではないが、秀長の菩提を弔って、「大和様慈雲院殿」が柱を奉加している。同奉加帳における奉加者は、すべて羽柴政権関係の女性であることから、「大和様慈雲院殿」が、秀長の菩提を弔う立場にある人物、すなわちその後室にあたることがわかる。

もっとも慈雲院殿の生没年や出自は全く判明しない。生年を推定する手掛かりとしては、次に取り上げる秀長の最初の嫡男・与一郎が、慈雲院殿の実子と推定され、その与一郎は永禄十一年（一五六八）生まれと推定されるので、慈雲院殿がその時に二〇歳とみると、生年は天文十八年（一五四九）頃と推定できることになる。これは秀吉正妻の寧々《ねね》とほぼ同年齢になる。また秀長との結婚は、与一郎出産の二年前とみると、永禄九年頃と推定される。これは秀吉と寧々との結婚が永禄八年であったから、その一年後くらいのことになる。これらはあくまでも状況からの推定にすぎないが、現時点ではもっとも確度の高い推定と考えられる。

秀長と結婚したのが永禄九年頃であったとみた場合、その時に秀吉は、少なくとも所領一〇〇貫文以上を有する「士大将」であったから、秀長はその有力一族として存在していたとみなされる。またその時には、秀長はすでに元服していたことはいうまでもなく、仮名小一郎、実名長秀を名乗っていた、とみなされる。実名のうちの「長」字は、秀吉主君の織田信長からの偏諱《へんき》と推定され、そうであれば秀長は、秀吉の弟であったが、信長から直臣の扱いをうけていたと考えられ、信長からも直接に所領を与えられていたことが推定される。そうした立場にあったとすれば、秀長の結婚相手は、相応の地位にあった織田家家臣の出身、と推測できる。少なくとも信長直臣であったとみられるだろう。

先の「誓願寺奉加帳」で、慈雲院殿は、秀長に対してと同時に、賢松院殿の菩提を弔い、養春院殿の逆修供養をおこなっている。同時に供養しているので、両者は夫婦もしくはきょうだいにあたると推定できる。そのうち賢松院殿は、すでに死去していた存在になり、慈雲院殿が菩提を弔う対象として想定できるのは、実子か父かになる。養春院殿は、逆修しているることから、その時はまだ生存していたことがわかり、慈雲院殿が供養する対象としては、娘か養女ないし母になろう。両者を慈雲院殿の子とみた場合、賢松院殿は与一郎に、養春院殿は養嗣子秀保の妻にあたることになる。そうでなければ、両者は慈雲院殿の父母にあたるとみなされる。

そのうち養春院殿については、別の史料が確認されている。大徳寺住持江月宗玩《そうがん》が記した「欠伸年譜草」に、天正二十年（文禄元年）夏に、養春院殿と慈雲院殿が禅定尼法諱を請けた記録を伝えていて、養春院殿古仙慶寿大禅定尼、慈雲院殿芳室紹慶大禅定尼の法名が確認されている（『誓願寺文書の研究』七一〇頁）。さらに養春院殿については、岡村浩臣氏の調査によれば、秀長菩提寺の大徳寺大光院に、秀長の墓塔に並んでその墓塔があり、「慶長九年十二月二十一日」の忌日とその法名が刻まれているという（桑原恭子「秀長をめぐる女たち」新人物往来社編『豊臣秀長のすべて』所収）。これによれば彼女は、慶長九年（一六〇四）に死去したことが知られる。

これらによって養春院殿だけでなく、慈雲院殿の法名を知ることができる。それとともに養春院殿は、文禄元年には成人していたことがわかる。秀長の娘は、あとでみるように、天正十五年、同十六年生まれなので、養春院殿が法名を与えられた時には六歳、五歳でしかなかったから、それにはあたらないだろう。そうすると養春院殿は、慈雲院殿の母とみるのが妥当になるだろう。これらのことから、慈雲院殿が秀長の菩提を弔うのと同時に、菩提を弔っていた賢松院殿と養春院殿は、慈雲院殿の父母の可能性が高いと思われる。とはいえその出自は全く判明しない。今後、それに関わる史料が見いだされることを強く期待しておきたい。

なお慈雲院殿が逆修供養した時期については、高野山奥之院に慈雲院殿の逆修供養塔が残されていて、その銘文に「大納言殿北方慈雲院芳室紹慶逆修　天正十九年五月七日」と刻まれていることが紹介されている（木下浩良「高野山奥之院の豊臣家墓所の石塔群」）。これによれば、慈雲院殿が逆修供養し、法名を与えられたのは、秀長死去から五ヶ月後の、五月七日のことであったことが知られる。ただし先にみた「欠伸年譜草」にみえる時期とは、一年相違している。このことをどのように理解すべきか成案はないが、天正十九年に高野山で逆修供養し、翌年に大徳寺であらためて法名を与えられた、ということになろうか。

慈雲院殿の動向

慈雲院殿の動向については、秀長が大和郡山城に入部して以降について、「多聞院日記」「駒井日記」を中心に、いくらかみえている。例えば「多聞院日記」には、秀長が郡山城に入部した直後になる、天正十三年（一五八五）九月二十日条（刊本三巻四四六頁）に、「一昨日濃州（秀長）女中（慈雲院殿）郡山へ来られ了ぬ」と、九月十八日に郡山城に入城したことが知られる。続いて同月二十七日条・二十八日条（同前四五六頁）に、秀長とともに奈良興福寺法華会《ほっけえ》を見物している。

続く天正十四年では、九月十八日条（刊本四巻四〇頁）に、「宰相殿（秀長）女中以ての外煩い」とみえていて、この時に病気に罹っている。同月二十八日条（同前四二頁）には快復して奈良春日社に参詣している。同年十月二十二日条（同前四六頁）・同月晦日条（同前四八頁）には相次いで春日社に参宮している。天正十五年正月二十二日条（同前六二頁）には、「中納言殿（秀長）・大政所（天瑞院殿）並びに御上（慈雲院殿）各社参し了ぬ」と、秀長・天瑞院殿とともに奈良春日社に参詣している。

これについては河内将芳氏（『大政所《おおまんどころ》と北政所』二六頁）で紹介されていて、河内氏はほかに、同様に天瑞院殿と行をともにしている事例として、同十六年正月十六日条（刊本四巻一〇八頁）にも、「大政所（大納言殿（秀長）の母）社参し了ぬ、大納言殿並びに女中（慈雲院殿）各同道すと云々」とみえていること（河内前掲書二八頁）、秀長死去直後になる「北野社家日記」天正十九年二月二十九日条（「史料纂集」刊本四巻二八三頁）に、秀吉によって大徳寺長老衆が処刑されそうになっていた時に、「大政所様・大納言殿こうしつ」が秀吉に嘆願して、助命させていること（河内前掲書五五頁）、を紹介している。

これらをみると、慈雲院殿は、姑《しゅうとめ》にあたる天瑞院殿とは極めて良好な関係にあったことがうかがわれる。天瑞院殿は、秀長が郡山城に入部したのち、天正十四年から同十六年にかけて、頻繁に秀長の領国を訪れている（河内前掲書参照）。それも天瑞院殿と慈雲院殿が親密な関係にあったことによっていたためかもしれない。

「多聞院日記」には、その後も慈雲院殿はみられているが、それについてすべてを紹介することは、ここでは余裕がないためおこなえない。それについては後日に、別の機会を得ておこないたいと思う。以下では、注目される動向について取り上げることにしたい。

天正十八年六月七日条（刊本四巻二四〇～一頁）に、秀吉と秀長は紀伊熊野山如意輪堂に鰐口を奉納し、その志趣書に、秀吉に続いて秀長（「豊臣朝臣正二位大納言秀長」）、天瑞院殿（「豊臣朝臣新母大政所」）、そして慈雲院殿（「豊臣朝臣正二位大納言内方〈大納言養子也〉」）、秀長長女（秀保妻、「豊臣朝臣正二位大納言息女」）、養嗣子秀保（「豊臣朝臣侍従公也〉」）、秀次嫡男（「豊臣朝臣関白殿下（秀次）息男〈若君〉」）とあげられていて、秀長家では、秀長に続いて慈雲院殿、秀長の長女、養嗣子の秀保の順であげられている。

天正十九年正月に秀長が死去したあとは、「大和大方様」と称された。先に文禄元年夏に、大徳寺住持から法名を与えられたことについて触れたが、その後は「しうんゐん殿」とも称されている。それについては「駒井日記」文禄三年（一五九四）二月二十五日条（刊本一一六頁）に、そのようにみえている。

文禄三年三月二日に、秀次は大和吉野から郡山城に帰着した際、「しうんゐん様」と「御きく様」に進物を贈っている（刊本一二〇頁）。前者は慈雲院殿、「御きく様」は秀長の次女（のち毛利秀元妻）にあたる。翌三日に同城で能が催され、秀次に同行していた羽柴秀俊（「丹波中納言様」）から、秀長家当主の秀保とその親類に進物が贈られ、そこでは、

「中納言様（秀保）・御うへさま（秀長長女・秀保妻）・大かたさま（慈雲院殿）・御きくさま（秀長次女）・御つほね（摂取院）・二位法印後室様（摂取院母）」の順に記されている（同前一二二頁）。

それに続いて慈雲院殿と秀保妻から、秀次に進物が贈られて、それぞれ「大かた様」「大和御うへさま」とあり（同前一二三頁）、また秀次からは、秀保・慈雲院殿・きくに金子が与えられて、その書立には「金子五枚　大和大かたさまへ」「金子三枚　大和おきくさまへ」「金子九拾八枚　大和中納言様（秀保）へ」とある（同前一二四頁）。同月五日には、秀次から礼状が慈雲院殿（「大和大かた様」）に出されている（同前一二六頁）。文禄四年四月には、秀保が大和十津川で病気に罹った時、四月十三日条（刊本二一九頁）に、「大かみ様（瑞竜院殿）・大和しうんゐん様」が、見舞いのため、十津川の秀保のもとに書状を送っている。

これらをみると慈雲院殿は、秀長死去後も、その後室として存在していたことがわかる。しかし秀保の死去により、秀長家は断絶し、郡山領は秀吉重臣の増田《ました》長盛に与えられた。これにともなって慈雲院殿とその家族は、郡山城から退去したと考えられる。しかしそれらのその後の居所は、判明しないようである。

ただし慈雲院殿については、大和で所領が与えられたことが知られ、それは秀吉死後も継承され、慶長十年（一六〇五）頃まで継続されていた。同年以降における大和の知行関係を列記した史料に、「大和国著聞記」（奈良県立図書情報館所蔵「玉井家文書」所収「庁中漫録」一七〈『奈良史料叢書七』二三頁〉）があり、そこに慈雲院殿について、

一、高弐千石三斗九升　大納言殿後室
　三百四十弐石三斗　中之庄村
　六百卌壱石壱斗　窪庄村
　五百七石六斗六升　山村
　五百十九石三斗三升　高樋
　　合弐千石三斗九升

大納言殿後室内
一、高百十三石壱斗五升　松野又右衛門
　十市郡内大納村
一、高弐百石　中島猪右衛門
　同郡市尾村

とみえている。慈雲院殿は、大和国内で二千石余の所領を与えられていたことが知られる。

所領は、中之庄村（奈良市）・窪庄村（天理市）・山村（奈良市）・高樋《たかひ》（同前）の四か村で

与えられていた。さらにその家臣として松野又右衛門・中島猪右衛門の二人がいて、それぞれにも所領が百十三石余・二百石が与えられていたことが知られる。

しかしこれが慈雲院殿の動向を伝える、最後の史料になっている。慈雲院殿については、死去年も判明していない。この慶長十年頃には、慈雲院殿はまだ五〇歳代であったと推定される。それから一〇年以上は生きていても不思議ではない。そうすると羽柴家宗家が滅亡した大坂の陣も見聞したことは十分に考えられるかもしれない。

秀長の嫡男・木下与一郎

秀長には、実子の嫡男がいた。それがこの「木下与一郎」である。これについてこれまでの秀長関係の研究で、具体的に取り上げられたことはほとんどないといってよい。もっともその存在は、いまだ当時の史料では確認されていない。その存在を伝えているのは、江戸時代成立史料である「森家先代実録」と「高山公実録」になる。とはいえその内容は、十分に信用できるとみなされるのである。

まず「森家先代実録」からみていく。同書には、森忠政後妻の岩（知勝院殿）についての部分に、「木下美濃守（秀長）息与一郎の室なりしが、与一郎紀州十津の湯へ入、同所にて病死」（刊本九七頁）、「初め木下小（与とも）市郎室、小市郎は大和大納言秀長の真子也」（同前九八頁）と記されている。すなわち岩は、初め秀長の子「木下与一郎」と結婚したことが知られる。岩については次に取り上げるが、那古屋敦順・養雲院殿の次女で、天正三年（一五七五）生まれであった。

これによって秀長に、早世した嫡男として与一郎が存在していたことがうかがわれる。しかもその妻に迎えた岩は、名古屋敦順・養雲院殿の娘とされ、秀吉と早い時期から親交のあったと伝えられている夫婦の娘にあたっていた。そしてその岩は、与一郎死去後は、秀長の養女にされて、領国大名の森忠政と再婚したと伝えられている。それらの所伝は、岩の婚家の森家で継承されたものであった。そこに創作性をうかがうことはできない。そもそも与一郎の存在は、ほとんど知られていないのだから、それをわざわざ創作することは考えられない。

与一郎の存在をうかがわせるもう一つの史料が、「高山公実録」が引用している「郡山城主記」であり、そこに、

羽柴美濃守秀長公大和・泉州・紀州三か国の大主として播州姫路より郡山へ御所替え、御実子早世に付き、秀長公但州出石に御在城の時、天正十年に丹羽五郎左衛門長秀の三男千丸を御養子これ有り、

とあり（刊本六三頁）、秀長に「御実子」がいたこと、しかしそれは秀長が但馬出石城《たじまいずしじょう》（正

しくは竹田城）に在城していた時期に、すなわち天正十年に死去したことが記されている。ここには秀長嫡男の名前についてはみえていないが、秀長に実子がいたものの早世した、とあるから、秀長に嫡男がいたことが認識されており、それは与一郎にあたるとみなせるだろう。

これらによって、秀長に与一郎という嫡男がいたこと、しかし天正十年に早世してしまったことを認識できるだろう。そして彼は、仮名与一郎を伝えられていて、それは元服を遂げていたことをうかがわせる。死去した天正十年に、元服年齢の一五歳であったとみると、生年は永禄十一年（一五六八）と推定される。これらはあくまでも以上の情報をもとにしての推定にすぎない。今後に新たな関係史料が確認されれば、推定し直すこともでてくるだろうが、現段階ではそのようにとらえておきたい。

なおこのことによって、「森家先代実録」が、与一郎は紀伊十津川《とつかわ》で死去したように記していることについて、全くの誤伝であることがわかる。秀長が紀伊を領国にするのは、与一郎の死去後のことになるからである。そしてその十津川での病死というのは、秀長の養嗣子・秀保のことであるから、それと所伝が混同したものとみなされる。

母について所伝はないが、「真子」「御実子」と表現されていることから、正妻の慈雲院殿の可能性が高いとみなされる。これも確定できることではないが、現時点ではそのようにとらえておきたい。ちなみに与一郎は、元服していたと考えられるから、それにともなって実名を名乗っていただろう。しかしそれは全く伝えられていない。おそらくは秀吉から、「秀」字もしくは「吉」字を偏諱として与えられたことだろう。これについても今後に関連史料が確認されることを期待しておくしかないだろう。

与一郎の妻・岩（知勝院殿）

与一郎の妻が、岩（知勝院殿）である。これまでにも触れてきたように、那古屋因幡守《いなばのかみ》敦順と養雲院殿の次女であった。「森家先代実録」には、森忠政の妻について、

後の御室は秀吉公の姪女にて、大和大納言秀長の息女也、御名は於岩と云う、文禄三甲午年春中旬、忠政君へ御縁組仰せ付けられ給う、其の節鎌倉一文字助真の刀拝領し給う也、実は那古屋因幡守（敦順）四番目の息女にて、木下美濃守（秀長）息与一郎の室なりしが、与一郎紀州十津の湯へ入、同所にて病死、其の後室を秀長養女にして御婚姻也、御子五人有り、御母公は養雲院殿と云う、京都四条の屋敷にて卒せらる、守役は谷五右衛門・浅井五郎右衛門両人也、慶長十二丁未年五月三日、御歳三十三にして作州津山におゐて卒し給い、本源寺に葬す、法謚、

知勝院殿月桂宗清大禅定尼

三玄院にも位牌有り、

と記していて（刊本九七頁）、また那古屋敦順の子どもについて、

女子　於岩　忠政君の御室也、
初め木下小市郎室、小市郎は大和大納言秀長の真子也、大和大納言の息女にして御縁組也、守役は塚田弥左衛門〈五百石〉・宇沢長右衛門〈弐百石〉、和州郡山より両人参る、御葬送の節は京都大徳寺より玉室和尚請招有りて御引導と云う、

と記している（刊本九八頁）。それらにみえる内容は、森家の史料と那古屋家の史料に共通していることから、十分に信用できるとみなされる。

岩は、慶長十二年（一六〇七）に三三歳で死去したというから、その逆算により生年は天正三年（一五七五）であることが知られる。最初の夫の木下与一郎は、同十年に死去しており、その時に岩は八歳にあたっている。ちょうど社会人として認知される八歳になっているから、おそらく同年の初めに、与一郎の元服とともに、婚儀をおこなったように思われる。婚約がそれより以前に成立していたのかどうかは、判断できない。

しかし結婚後すぐに、与一郎は死去してしまった。岩はその後も、秀長のもとにとど

まって、その養女にされたとされる。そして秀長死去後の文禄三年（一五九四）二月（「春中旬」）に、秀吉の取り成しによって森忠政と再婚したとされる。このことについて、当時の史料では確認されないが、森家において明確に所伝されていることから、事実とみてよいと考えられる。岩は、与一郎死去後も、そのまま秀長家に置かれて、秀長の養女とされ、秀長死去後も、同家に置かれていて、秀長死去三年後に、森忠政と再婚した、という経緯が認識される。その時に岩は、二〇歳になっている。

秀長の養女であるとともに、その正妻慈雲院殿とも養子縁組したと推測され、秀長死後は、慈雲院殿によって森家に送り出されたと考えられるだろう。また森忠政との再婚が、秀長死去後三年にあたっていることからすると、秀長の三周忌を過ぎてから結婚の準備が整えられたことも推測される。結婚にあたっては、秀長家から、塚田弥左衛門と宇沢長右衛門の二人の家臣が守役として付されたことも知られる。このことも岩が、秀長の養女になっていたことを示していよう。

忠政との結婚後は、慶長三年に忠政四女・宮（四条殿・池田長幸妻、一五九八～一六六四）、同五年に忠政五女・菊（池田忠継婚約・鳥居忠恒妻、一六〇〇～一六六六）、同七年に忠政次男・虎松（一六〇二～一二）、同九年に忠政三男・忠広（一六〇四～三三）、同十一年に忠政六女・兼（本多忠義妻、一六〇六～五八）の、二男三女の五人の子どもを産んでいる。岩は二四歳から三二歳にかけてのことになる。

しかし五人目の子どもを産んだ翌年の慶長十二年五月三日に、三三歳で死去した。法名は知勝院殿月桂宗清大禅定尼といった。その時には、まだ養母の慈雲院殿は生存していたことだろう。慈雲院殿は、それら義理の孫にあたる岩の子どもたちの誕生を、どのように感じていたことだろうか。

秀長の養子・惟住（丹羽）長秀三男千丸（藤堂高吉）

秀長は、天正十年（一五八二）に嫡男の与一郎が死去すると、惟住《これずみ》（丹羽《にわ》）長秀の三男・千丸を養子に迎えた。先に与一郎のところで引用した、「高山公実録」が引用する「郡山城主記」の記載を続けて引用すると、

天正十年に丹羽五郎左衛門長秀の三男千丸を御養子これ有り、時に四歳、其の後郡山御在城、天正十六年に関白秀次公の御舎弟鍋丸殿（秀保）を秀長卿の御養子、秀吉公仰せ付けらると雖も、秀長卿御承引これ無し、秀吉公御立腹遊ばされ候故、秀長卿の老臣藤堂佐渡守高虎公千丸殿を申し受けたき旨、秀吉公へ言上これ有る処、御喜悦斜めならず、則ち千丸殿に二万石相添えられ、高虎公へ遣わされ候、後は千丸殿を藤堂宮内少輔高吉と改め、伊賀国名張に住居、

と記されている（刊本六三頁）。ここに記されている内容は、藤堂家・丹羽家の系図史料にほぼ共通してみえているものになり、基本的に信用できるだろう。

それらによれば、秀長が養子に迎えたのは、惟住長秀の三男・千丸であった。この千丸は、そこにもみえているように、のちに秀長の家老であった藤堂高虎の養子になり、藤堂高吉を称することになる。その藤堂高吉については、福田肇氏（『藤堂高吉の生涯』）による評伝書がある。以下ではそれを参照しながら、千丸について述べていくことにしたい。

千丸は天正七年（一五七九）生まれであった。母は長秀の妾で、杉若越後守《えちごのかみ》無心の娘という。ちなみに惟住長秀の正妻は、織田信長の庶兄・織田信広の娘であった。また嫡男・長重の妻は、信長の娘であった。千丸は四歳の時の同十年に、秀長から養子に迎えられた。同年に嫡男の与一郎が早世したあとをうけてのことであったから、秀長が新たな嫡男を確保しようとしてのこととみなされる。同時に、それ以上の意味もあったと考えられる。

その年は、織田家の新体制が構築されたものの、すぐに内部抗争が始まっていた。そのなかで秀吉は、惟住長秀と池田恒興と連携をすすめた。池田恒興との間では、第五章で触れたように、甥《おい》・秀次の妻に、池田恒興の娘を迎えていた。そのことを踏まえると、ここで秀長が惟住長秀の庶子を養子に迎えているのも、それと同じ意味があったととらえられる。惟住長秀との政治的連携を確立しようとするなかで、ちょうど秀長に嫡男が失われていたため、長秀の庶子を秀長の養子にするという縁組の成立が図られたのだと考えられよう。

秀吉はその後、この惟住長秀・池田恒興との連携によって、織田信孝・柴田勝家との抗争に勝利し、織田家の主導権を掌握する。その後に、織田家当主として推戴していた織田信雄《のぶかつ》と抗争を展開するが、惟住・池田両者は引き続いて秀吉に協力した。その前提に、両者との姻戚関係があったからとみることができるだろう。そして秀吉は、織田信雄に勝利して、自らが天下人となり、織田政権を解体して、自らを主宰者とする羽柴政権を誕生させるのであった。こうしたその後の経緯をみると、秀長が惟住長秀の庶子を養子に迎えたことは、実に大きな政治的意味をもったことが認識できるだろう。

しかし秀吉が天下人になるにともない、秀長はその最有力一門として、大和・紀伊・和泉三か国の大大名になった。惟住長秀も秀吉から厚遇されて、越前・加賀の大大名とされていたが、秀吉が関白に任官する以前の、天正十三年四月に死去してしまった。家督は嫡男の長重（一五七一～一六三七）に継承されたが、まだ一五歳と年少であったため、大国越前の領知は難しいとして、同年閏八月までに若狭一国に減知転封された。さらに同年九月までに、加賀松任領四万石余に減知転封されて、その政治勢力を大きく減少させていた。

そのように千丸の実家・惟住（丹羽）家は、長兄・長重の代になって、大きく衰退をみるようになっていた。同家出身の千丸を、最有力一門の秀長の後継者とするのは相応しくない、と考えられるようになったのだろう、秀長は同十六年正月に、義理の甥にあたる秀保を、新たな養嗣子に迎えたと考えられる。先の「郡山城主記」は、その発案は秀吉によるものとし、秀長はそれについて承認しなかった、と記しているが、実際はどうであったのかはわからないだろう。秀長としても、天下人羽柴家の一門衆として、その血縁者・親族による体制を構築することを考えたとして、全く不思議ではなかったろう。

千丸はこの時、一〇歳になったにすぎなかった。新たな養嗣子になった秀保は、同年齢にあたっていた。秀保の養嗣子化にともなって、千丸は秀長との養子縁組は離縁になったとみなされる。そして千丸の行き先として選択されたのが、秀長の家老であった藤堂高虎（一五五六～一六三〇）の養子になるということだった。高虎にはまだ嫡男はいなかったので、これは恰好の縁組になったと思われる。そして千丸はその後、高虎の嫡男として元服し、官途名宮内少輔《くないのしょう》・実名一高を名乗った。元服時期は判明していないが、一五歳になった文禄二年（一五九三）十二月八日に、秀保の諸大夫《しょだいぶ》として従五位下・宮内少輔に叙任されているので（『豊臣期武家口宣案集』一八七～八号）、その時のこととみなされる。また元服当初は、実名一高を名乗っていたことが確認される。高吉への改名はその後のことであることが知られる。なお高吉について、羽柴苗字《みょうじ》を与えられて、「羽柴宮内少輔」を称したと扱われることがあるが、当時の明確な史料にはその呼称は確認されないので、全くの誤りである。

先の「郡山城主記」では、藤堂高虎の養子になったことにともなって、高虎は二万石を加増されたように記していたが、それは正確ではない。正しくは関ヶ原合戦後に、徳川家康から高虎とは別家に取り立てられて、二万石を与えられたものになる。藤堂高吉の経歴については、高吉自らが記した「藤堂高吉言上状」があり、そのなかで、

> 父越前守（丹羽長秀）かたより太閤様の御舎弟大和大納言様へ養子に仕られ候、其れい後太閤様のおい子に中納言殿（秀保）と申すを大納言様へ養子に仕らるべきの旨、太閤御指図にて御座候へ共、一度宮内少を養子に仕り候処に、今更又中納言殿を養子に仕る段迷惑の由御理申され候へ共、太閤達して仰せ付けられ候故、了簡無く其の意に任され候、左様に御座候て已後、和泉守《いずみのかみ》（藤堂高虎）実子これ無く候間、宮内少を養子に仕るべきの由、太閤様御言を添えられ、大納言殿へ仰せ付けられ、和泉守養子に罷り成り、関ヶ原御陣を相勤め、其の後伏見・大坂にても相詰め、権現様（徳川家康）え御奉公申し上げ候、其の時分和泉守には伊予《いよ》国《くに》にて弐拾万石下され、拙者には備中国にて弐万石下され候事、

と述べている（福田前掲書一八〇頁）。これは本人の記したものなので、内容は信用できるだろう。ちなみに秀保を養嗣子に迎えるにあたって、秀長は最初は拒否したことがみえている。それは先の「郡山城主記」にも、そのような論調で記されていた。そうすると秀長

が当初、秀保を新たな養嗣子に迎えることに乗り気ではなかった、というのも、事実であったのかもしれない。またそのあとに、千丸を藤堂高虎の養子にすることについて、先の「郡山城主記」は、高虎の申し出によるとしていたが、ここでは秀吉の差配によると記されている。秀長の養子であった者を、別人の養子に入れるという事態の性格からすると、ここにあるように、秀吉の指図とみたほうがよいと思われる。

ともあれ秀長の養子になっていた千丸は、秀長が秀保を新たに養嗣子に迎えるにともなって、秀長との養子縁組は解消され、家老の藤堂高虎の養子になった。高虎には後継者がいなかったため、千丸はその嫡男に位置付けられたとみなされる。しかし関ヶ原合戦直後の慶長六年に、高虎に実長男の高次が生まれた。高虎はこれを嫡男に定めたため、高吉は廃嫡され、別家として存在するようになった。最後は藤堂家当主の高次から伊賀《いが》名張領二万石を与えられ、その家臣として存在し、寛文十年（一六七〇）七月十八日に、九二歳で死去した。秀長の家族関係者としては、もっとも遅くまで生きた人物になる。

秀長の別妻・摂取院

秀長の長女で、養嗣子秀保の妻になった者の母は、秀長家臣秋篠伝左衛門尉《でんざえもんのじょう》（二位法院）の娘、法号を摂取院といった。

まず出自については、「多聞院日記」文禄三年（一五九四）三月二日条（刊本四巻四四二頁）に、秀長長女と秀保が婚儀をおこなったことに続いて、秀長長女について、「大納言殿のソハムスメ也、秋篠ノ沙弥ノ子也」と記されており、秀長長女は庶出で、母が「秋篠の沙弥の子」、すなわち秋篠氏で出家していた人物の子、であったことが知られる。

その秋篠氏については、前年にあたる文禄二年五月十九日条（同前三九九頁）に、

大納言の御内息災のため、其の母は伝左衛門殿の内也、

と記されていることにより、秋篠伝左衛門尉という人物であったことが確認される。ここで「大納言の御内」とあるのが、秀保妻の母、摂取院のことであり、その母は「伝左衛門殿の内」ということから、秋篠伝左衛門尉の妻であったことが確認される。またそこで、摂取院について、秀長の「御内」とあるので、妻として存在していたことも確認される。秀長の正妻は慈雲院殿であったから、摂取院は秀長の別妻として存在していたとみなされる。

さらに摂取院の出自については、「椰馬土《やまと》名勝志」（「庁中漫録」八〈『奈良史料叢書三』八六～七頁〉）に引用されている興福院（こんぶいん・もと弘文院、奈良市）の縁起によっておよそ知ることができる。すなわち、そこでは、

時に筒井順政の子順慶旗下秋篠の某此の弘文院村を領す、又順慶幕下窪庄伊豆守《いずのかみ》は順政の婿にして、秋篠は伊豆守の娣婿也、此の因縁に依り弘文院の地並びに田畠等、価五十貫を以て秋篠これを領す、再び弘文院を造立す、伊豆守の娣自慶院心慶比丘尼弘文院主となる、是弘文院中興の比丘尼也、窪庄村の小庵に千体薬師、同じく十二神将を安す、春日の作なり、是又永く弘文院の支配となる、
大和亜相秀長室は秋篠の娘也、秀長文禄三甲午年正月廿二日薨す、其の後秀長の室比丘尼に成り、摂取院光秀と号す、弘文院の弟子に成り此の院に住す、豊臣秀吉公より光秀の院領として十市郡新堂村に於いて二百石を寄附す、其の後元和六年正月廿四日心慶化す、弟子光秀尼弘文院主となる、其の后窪庄太郎兵衛の娘慶長十年十月廿一日行年十五歳にして出家して秀誉光心比丘尼と号す、此の光心尼の父は太郎兵衛は伊豆守の子にして順慶の猶子也、元和八己〔壬〕戌年二月八日光秀七十一歳にして化す、これに依り光心弘文院主となる、

と記されていて、筒井順慶家臣であった秋篠某の娘であった。秋篠は、順慶の姉妹婿であった窪庄伊豆守の妹婿であった。秋篠は所領の弘文院村に弘文院を創建し、窪庄伊豆守の妹・自慶院心慶比丘尼をその院主にした。妻の姉妹にあたるとみなされる。秋篠の娘は、秀長の「妻」になり、秀長の死後に出家して、法名を摂取院光秀と称し、叔母にあたる心

慶尼の弟子になって弘文院に住した。秀吉から所領二百石を与えられた。元和六年（一六二〇）に心慶尼が死去したため、摂取院が弘文院主になったが、同八年二月八日に七一歳で死去し、弘文院主は弟子で窪庄伊豆守の孫にあたる光心尼に継承された、といったことが記されている。

これによって、秀長死去後に出家して、法名を摂取院光秀と称したこと、元和八年二月八日に七一歳で死去した、という基本的事実を確認することができる。死去年齢から逆算すると、生年は天文二十一年（一五五二）になる。秀長が郡山城に入部した天正十三年（一五八五）には三四歳になっていた。この年齢からすると、当初は女房衆として秀長もしくは慈雲院殿に奉公したと考えられる。その後、秀長の妾になり、同十五年に秀長長女を産んだとみなされる。その時には三六歳であったから、出産は想定外のことであったかもしれない。そして子どもを産んだことで、女房衆の立場から、長女の生母ということで、別妻の立場に引き上げられた、と考えられる。

摂取院父の秋篠伝左衛門尉については、「多聞院日記」天正十七年正月二十四日条（刊本四巻一六二頁）に、「伝左衛門殿」が病気に罹っていて、「年七十二」とある。この時に死去したように記されているが、快復したとみられ、三年後の同二十年（文禄元年）四月二十六日条（同前三四六頁）に、「郡山伝左衛門入道二位法印死去、七十五」とあり、その時に死去したことがみえている。法名は、同史料同年九月五日条（同前三六五頁）によって、顕照院殿二位法印雪渓宗盛居士といったことが知られる。

それから逆算すると、生年は永正十五年（一五一八）であることがわかる。ここから摂取院は、伝左衛門尉が三五歳の時の生まれであったことになる。伝左衛門尉については、「沙弥」あるいは「入道」とみえているように、摂取院が秀長長女を産んだ直後には、出家していたことが知られる。そしてここに「伝左衛門入道二位法印」とあることから、出家後に「二位法院」に任じられていたことが知られる。これはおそらく、秀保妻の祖父になったことにともなうと思われる。

摂取院についての、秀長家が存続していた時期における唯一の所見とみなされるのは、「駒井日記」文禄三年三月三日条（刊本一二二頁）で、郡山城を訪問していた秀次に同行していた羽柴秀俊から秀保家族に進物が贈られているなかに、秀長次女・きくに続いて「御つほね」があがっていて、これが摂取院にあたるとみなされる。「御局」と記され、秀保家族の一員として進物を贈られていることから、その立場が、別妻であったことが確認される。なおそれに続いて、「二位法印後室様」がみえている。「御局」との関係からみても摂取院の母、すなわち秋篠伝左衛門尉の後室にあたるととらえられる。なおこれによって摂取院の母は、この時まで生存していたことが知られる。

摂取院は、秀長の死去後、出家したという。しかし「御局」が摂取院にあたるとすれば、それは正確ではなかった。ただし実子の秀保妻の存在が確認されるのは、摂取院が「御局」として出てくる時が最後になっている。摂取院のその後の動向として確認されるのは、秀保が死去して秀長家が断絶した直後のことになる、文禄四年九月二十一日に、秀吉から「秋篠後室」、すなわち摂取院に宛てて、大和十市《とおち》郡新堂村（橿原市）で二百石の所領を与えられていることである（秀吉五三三九）。このことについては先に引用した「椰馬土名勝志」にも記されていたので、これによってその内容の正確さをうかがえる。

当時の史料での摂取院の所見は、それが最後になっている。秀長家の断絶にともなって、秀吉から扶持料《ふちりよう》を与えられ、出家して弘文院に居住したのだろうと考えられる。そしてそれから三〇年近くのちに同所で死去することになる。

秀長の長女・秀保妻

秀長の長女で、その養嗣子秀保の妻で、母は摂取院であった。「多聞院日記」天正十九年（一五九一）正月条（刊本四巻二七七頁）に、「大納言殿ムスメ四、五才か、これと養子侍従殿（秀保）と祝言これ在り」とあって、秀長の死去直前に、養嗣子の秀保と結婚したことが知られる。この時に、四、五歳とあるので、その逆算による生年は天正十五年、ないし同十六年のことになる。また秀長の養嗣子・秀保と結婚するにあたっては、秀長正妻の慈雲院殿と養子縁組したと考えられるだろう。

そして文禄三年（一五九四）三月二日に、「郡山金吾殿（秀保）へ祝言の儀これ在り、大納言殿のソハムスメ也」(「多聞院日記」同日条〈同前四四二頁〉)とあり、その時に秀保と婚儀をおこなったことが知られる。天正十五年生まれなら八歳、同十六年生まれなら七歳になる。社会人として認知されるのが八歳からであること、秀長の次女・きくは天正十六年生まれであることからすると、秀長長女は天正十五年生まれの可能性が高い、とみなすことができるだろう。夫の秀保には、八歳年少であったことになる。

またこの時の婚儀の際には、羽柴家当主になっていた秀次と、一門衆の羽柴秀俊が郡山城を訪問していた。このことからすると、秀次・秀俊の訪問は、秀保・秀長長女の婚儀に参加するためであったと考えられる。婚儀の翌日の三月三日、羽柴秀俊から秀保家族に進物が贈られていて、そのなかに筆頭の秀保に続いて、「御うへさま」とみえていて、また秀次に進物を贈っている者として「大和御うへ様」とみえている(「駒井日記」同日条〈刊本一二二〜三頁〉)。

しかし秀長長女・秀保妻についての、当時の史料での所見は、これが最後になっている。死去年も法名なども全く不明である。ただ生母の摂取院が、秀保死去による秀長家の断絶後に、出家して、秀吉から扶持料を与えられていることからすると、秀長長女・秀保妻は、秀保死去時まで生存していた可能性が高いと思われる。そうすると秀長家断絶後も生存していた可能性があろう。その場合には、公式の母であった慈雲院殿に同行した可能性が高いと思われる。

いずれにしろ彼女についての情報は極めて少ない。今後において関係史料が確認されることを期待したい。

秀長の次女・きく（大善院殿）

秀長の次女とみなされるのが、本名を「きく」といい、秀長死去ののちに秀吉の養女となって、安芸《あき》毛利輝元の養嗣子であった秀元（一五七九～一六五〇）と結婚した。法号を大善院殿といった。これまでの研究のなかには、きくを秀保妻と同一人物とみて、毛利秀元妻とは別人物とみる見解もあったが、秀保妻ときくは別人物であることは明らかであることから、きくと毛利秀元妻が同一人物ととらえられる。

きくについては、「駒井日記」文禄三年（一五九四）三月二日～三日条（刊本一二〇～四頁）に、三か所にみえている。それらは、秀保の婚儀にあたって、羽柴家当主の秀次と有力一門衆の秀俊が郡山城を訪問してきた際のことになる。まず二日に、秀俊が慈雲院殿（「しうんゐん様」）ときく（「御きくさま」）に進物を贈っている。ここできくは、秀長後室で、秀保とその妻にはともに養母にあたっていた慈雲院殿に続いて、進物を贈られている。このことからきくは、慈雲院殿と養子縁組をしていて、秀長家の嫡女の立場にあったと理解される。

次いで三日に、秀俊から秀保とその家族に進物が贈られているなかで、当主秀保・秀保妻（「御うへさま」）・慈雲院殿（「大かたさま」）に続いて、「御きくさま」がみえている。また秀次から秀保とその家族に金子が贈られていて、そこでは秀保と慈雲院殿（「大和大かたさま」）とともに「大和おきくさま」がみえている。ここに秀保妻（「御うへさま」）ときくが同時にみえていることから、両者が別人物であったことが明確にわかる。そしていずれにおいても、慈雲院殿に次ぐ位置にあったことがうかがわれる。それはすなわち、慈雲院殿と養子縁組による、秀長家における嫡女の立場にあったことを示している、ととらえられる。

そして秀保妻とは別人物であり、秀長のもう一人の娘として知られるのが、毛利秀元妻であったから、きくはその毛利秀元妻にあたるとみなされることになる。その毛利秀元との結婚については、先にきくが所見されてから一年後にあたる「北野社家日記」文禄四年二月二十八日条（刊本五巻二四頁）に、

森殿（毛利秀元）へ大和中納言殿（秀保）よりよめ入有る也、

とあって、その日に義兄にあたる秀保のもとから、毛利秀元のもとに嫁したことが確認される。彼女のその後の動向を示す史料は確認されないが、その毛利秀元妻について、秀元子孫の長府毛利家の家譜史料の「豊津毛利家譜」（東京大学史料編纂所架蔵謄写本）には、

豊臣秀吉公養女、実大和大納言秀長公女
慶長十四己酉十一月廿九日卒、葬于京師大徳寺、
法名大善院、二十二歳、

と記されている。また明治時代に長府毛利家で編纂された「毛利家乗」（防長史料出版社『復刻毛利家乗』三冊巻六・一三頁）の慶長十四年に、

冬十一月廿九日夫人豊臣氏京師に薨す、
大和大納言秀長卿の女、豊公の養女なり、時に廿二歳、京都大徳寺内大光院に葬る、
法謚大善院月潤宗照〈牌所長府功山寺大光院は秀長卿の謚号なり〉

とあり、秀吉の養女であったこと、慶長十四年（一六〇九）十一月二十九日に二二歳で死去したこと、秀長菩提寺の大徳寺大光院に葬られたこと、が知られる。なお大徳寺大光院には、現在も墓碑が残されていて、法名は大善院殿月潤宗照大禅定尼といったことが紹介されている（瀧喜義「秀長は誰の子か」新人物往来社編『豊臣秀長のすべて』所収）。

もっとも彼女について、これ以上の情報は現在のところは得られていない。それでも、

死去年齢からの逆算により、生年は天正十六年（一五八八）であることが知られる。秀保妻は、秀長養嗣子の秀保の妻になっていることからも、秀長の長女とみなされるが、先に述べたように、その動向から、天正十五年生まれと推定された。きくはそれより一年遅い誕生になるので、秀長の次女であった、とみなされる。

きくの母については判明しない。誕生の時期から考えて、正妻の慈雲院殿でなかったことは間違いないだろう。では姉の秀保妻と同母であったろうか。しかし誕生年が一年違いでしかないことをみると、その可能性は低いと思われる。秀保妻の母摂取院とは別人から生まれた可能性が高いと考えられる。その場合、きくの生母は、女房衆として存在し、妾の立場にあったと推測される。秀保の婚儀の際に、摂取院は秀保妻の生母として、別妻として扱われていたため、進物を贈られる対象になっていたが、きくの母は、そこにはみえていないから、そうした立場になく、あくまでも女房衆の立場でしかなかった、と考えられる。

夫の毛利秀元は、毛利家当主の輝元の従弟（叔父穂田元清の次男）で、二年前の文禄元年四月に、輝元の養嗣子に迎えられていた。それにともなって同年八月に、従五位上・侍従に任官されて、公家成大名とされ、「羽柴安芸侍従」を称していた。毛利家は、安芸を本拠に中国地方九か国にわたる百十二万石を領知した、外様の有力大名であった。秀元はその後継者となっていて、その妻に、秀長の娘がなったのである。

そしてその際に、毛利家の所伝では、秀吉の養女にされたことが記されている。毛利家の家格からすれば、それは事実と考えられるだろう。ただしきくは、秀吉正妻の寧々との具体的関係は確認されていないので、おそらく養子縁組は秀吉との間だけでおこなわれたもので、寧々とはおこなわれなかったと考えられる。なおこのことが持つ意味については、十分に回答することはできない。この問題は、羽柴政権の在り方を認識するうえでも重要なものと考えられるので、今後において検討していく必要があるだろう。

ともかくも秀長次女のきくは、有力大名の安芸毛利家の嫡男と結婚した。羽柴家と毛利家の政治関係を、将来にわたって緊密なものとするためであったと考えられる。すでに羽柴家と毛利家では、これまでにおいても取り上げてきたように、秀吉の嫡男であった次秀勝が毛利輝元の養女と結婚していたが、次秀勝の死去により、離縁になっていた。またきくと毛利秀元の結婚の直前には、毛利家の有力一門で分家大名であった小早川隆景に、婿養子として羽柴秀俊が入っていて、毛利輝元の養女と結婚していた。そのうえできくと毛利秀元との結婚がおこなわれたのであった。それはすなわち、羽柴家と毛利家本家との間に婚姻関係を形成するためと考えられよう。

もっとも、きくと毛利秀元との間には、子どもは誕生しなかった。秀元は輝元の後継者として、参議にまで昇進して「羽柴安芸宰相」を称するまでになっていたが、慶長三年四月に、秀吉死去の直前に、実長男の秀就《ひでなり》を嫡男に定め、それにともなって秀元は別家とされた。そして関ヶ原合戦後は、毛利家の分家大名として位置することになった。きくは、秀元が毛利家を継承する立場にあったことで、それと結婚したのであったが、その構想は瓦解したといえるだろう。そして秀元との間に子どもができることのないまま、二二歳の若さで死去したのであった。

あとがき

「はしがき」でも触れたように、これまでの研究は、秀吉の親類たちについて、十分に整理・検討されてきたとはいえない。戦国武将のなかでも秀吉はトップクラスの人気を誇る有名人であるにもかかわらず、その親類についてすら検討がおこなわれてはいなかったのである。

秀吉に関わる基本事項について検討されていない問題がいまだ山積している。こうした状況で、秀吉政権論など安易に議論できるのかと不思議でならない。

ともあれ本書によって、秀吉の親類たちについては、ようやくその全容がみえるようになったのではないかと思う。これまで検討が不十分な問題については、本書が出発点となるだろう。同時に、本書を成したことで新たな課題もみえてきた。

木下寧々《ねね》以外の秀吉の妻についての検出と検討、羽柴家家督を継承するまでの秀次の詳細な動向、そして織田秀信・徳川秀忠の政治的位置などの問題である。それらはいずれも、秀吉政権の構造と性格を把握するうえで不可欠であろう。本文でも少し触れたように、織田秀信・徳川秀忠は養子の羽柴秀俊と全く同等の政治的地位にあった。そのことをどのように理解することができるのか、とても興味深い。

本書を成すことになった契機は、二〇二六年NHK大河ドラマ「豊臣兄弟!」の制作が発表されたことにある。私はドラマの時代考証を務めることになった。主人公の羽柴秀長についてはこれまで十分に研究されてきてはいない。そのことは秀吉の親類たちについても同様であり、何よりも秀長の家族についてはほとんど明らかになっていない状況であった。ドラマの制作に先駆けて、それらの情報を整理し、解明しておく必要がある。

そうしたところ、戎光祥出版の「シリーズ・織豊大名の研究」で『羽柴秀吉一門』を編集することになった。その総論で、秀吉の親類についての基本情報について整理する機会をえた。本書はそれを基礎に、新たな内容を加えるかたちで構成したものである。

ちなみに秀長の生涯についての著作も刊行を予定している。現状で可能な限りで秀長に関する史料を、同じくドラマの時代考証を務める柴裕之《しばひろゆき》氏とともに蒐集《しゅうしゅう》を続けてきた。それらを基礎に、秀長の生涯について解明をすすめている。

しかし秀長の生涯の全容を取り上げるには、かなりの分量を必要とする。そのため、秀長の生涯をまとめたもの、秀長の中心となる政治動向について取り上げたもの、秀長の家臣に焦点をあてたもの、の三冊を刊行することを予定している。そちらの刊行も楽しみにしていただきたい。

最後に、本書もKADOKAWAの竹内祐子さんにお世話になった。末筆ながら御礼を申し上げます。

二〇二五年一月

黒田　基樹

主要参考文献

跡部信『豊臣政権の権力構造と天皇〈戎光祥研究叢書7〉』(戎光祥出版、二〇一六年)
氏戸佳香『那古野今川氏の「謎」』(私家版、二〇二一年)
同　『今川名越家　誕生と滅亡』(東海中部歴史家連盟、二〇二三年)
大西泰正『宇喜多秀家研究序説』(私家版、二〇二一年)
岡田正人『織田信長総合事典』(雄山閣、一九九九年)
小和田哲男『戦国三姉妹〈角川選書482〉』(角川学芸出版、二〇一〇年)
同編　『浅井三姉妹の真実〈新人物文庫113〉』新人物往来社、二〇一〇年)
片山正彦『豊臣政権の東国政策と徳川氏』(思文閣出版、二〇一七年)
河内将芳『大政所と北政所〈戎光祥選書ソレイユ8〉』(戎光祥出版、二〇二二年)
北川央『豊臣家の人びと』(三弥井書店、二〇二三年)
北堀光信『豊臣政権下の行幸と朝廷の動向』(清文堂出版、二〇一四年)
木下浩良「高野山奥之院の豊臣家墓所の石塔群」(『高野山大学密教文化研究所紀要』三五号、二〇二二年)
桑田忠親『太閤家臣団』(新人物往来社、一九七一年)
同　『豊臣秀吉研究』(角川書店、一九七五年)
同　『豊臣秀吉〈桑田忠親著作集第五巻〉』(秋田書店、一九七九年)
黒田和子『浅野長政とその時代』(校倉書房、二〇〇〇年)
黒田基樹『羽柴を名乗った人々〈角川選書578〉』(KADOKAWA、二〇一六年)
同　『羽柴家崩壊〈中世から近世へ〉』(平凡社、二〇一七年)
同　『小早川秀秋〈シリーズ実像に迫る5〉』(戎光祥出版、二〇一七年)
同　『近世初期大名の身分秩序と文書〈戎光祥研究叢書11〉』(戎光祥出版、二〇一六年)
同　『戦国大名・北条氏直〈角川選書645〉』(KADOKAWA、二〇二〇年)

同　『家康の正妻　築山殿』〈平凡社新書1014〉（平凡社、二〇二二年）
同　『お市の方の生涯』〈朝日新書895〉（朝日新聞出版、二〇二三年）
同　『徳川家康の最新研究』〈朝日新書902〉（朝日新聞出版、二〇二三年）
同編　『羽柴秀吉一門』〈シリーズ・織豊大名の研究13〉（戎光祥出版、二〇二四年）
桜井成広『戦国名将の居城』（新人物往来社、一九八一年）
柴裕之『徳川家康〈中世から近世へ〉』（平凡社、二〇一七年）
同編　『尾張織田氏』〈論集戦国大名と国衆6〉（岩田書院、二〇一一年）
同編　『織田氏一門』〈論集戦国大名と国衆20〉（岩田書院、二〇一六年）
同編　『図説豊臣秀吉』（戎光祥出版、二〇二〇年）
同編　『豊臣秀長』〈シリーズ・織豊大名の研究14〉（戎光祥出版、二〇二四年）
新人物往来社編『豊臣秀長のすべて』（新人物往来社、一九九六年）
鈴木良一『豊臣秀吉』〈岩波新書D102〉（岩波書店、一九五四年）
誓願寺文書研究会編『誓願寺文書の研究』（岩田書院、二〇一七年）
谷口克広『秀吉戦記』（集英社、一九九六年）
同　『織田信長合戦全録』〈中公新書1625〉（中央公論新社、二〇〇二年）
同　『織田信長家臣人名辞典第2版』（吉川弘文館、二〇一〇年）
寺沢光世「秀吉の側近六人衆と石川光重」（『日本歴史』五八六号、一九九七年）
永島福太郎・亥口勝彦「豊臣秀長の都状（病気祈祷文）と病状」（『医譚』八六号、二〇〇七年）
中村孝也『家康の族葉』（講談社、一九六五年）
中村博司『豊臣政権の形成過程と大坂城』〈日本史研究叢刊34〉（和泉書院、二〇一九年）
西尾和美「豊臣政権と毛利輝元養女の婚姻」（川岡勉・古賀信幸編『西国の権力と戦乱〈日本中世の西国社会1〉』清文堂出版、二〇一〇年、所収）
福尾猛市郎・藤本篤『福島正則』〈中公新書1491〉（中央公論新社、一九九九年）
福田千鶴『淀殿』〈ミネルヴァ日本評伝選44〉（ミネルヴァ書房、二〇〇七年）
同　『江の生涯』〈中公新書2080〉（中央公論新社、二〇一〇年）

同『徳川秀忠』（新人物往来社、二〇一一年）
同『豊臣秀頼〈歴史文化ライブラリー387〉』（吉川弘文館、二〇一四年）
同『高台院〈人物叢書323〉』（吉川弘文館、二〇二四年）
同「小出秀政に関する基礎的研究」（『九州文化史研究所紀要』六六号、二〇二三年）
福田肇『藤堂高吉の生涯』（新人物往来社、一九九二年）
藤田恒春『豊臣秀次の研究』（文献出版、二〇〇三年）
同『豊臣秀次〈人物叢書280〉』（吉川弘文館、二〇一五年）
同「羽柴秀吉の阿波攻めにおける秀次」（『史窓』四三号、二〇一三年）
堀越祐一『豊臣政権の権力構造』（吉川弘文館、二〇一六年）
堀新・井上泰至編『秀吉の虚像と実像』（笠間書院、二〇一六年）
光成準治『毛利輝元〈ミネルヴァ日本評伝選155〉』（ミネルヴァ書房、二〇一六年）
同『小早川隆景・秀秋〈ミネルヴァ日本評伝選193〉』（ミネルヴァ書房、二〇一九年）
宮本義己『誰も知らなかった江〈マイコミ新書〉』（毎日コミュニケーションズ、二〇一〇年）
矢部健太郎『関白秀次の切腹』（KADOKAWA、二〇一六年）
横山住雄『織田信長の系譜』（教育出版文化協会、一九九三年）
同『織田信長の尾張時代〈中世武士選書10〉』（戎光祥出版、二〇一二年）
和田裕弘「豊臣秀吉の実子といわれる「石松丸」について」（『天下布武』二八号、二〇一六年）
渡辺世祐『豊太閤の私的生活〈講談社学術文庫482〉』（講談社、一九八〇年）

角川選書 677

羽柴秀吉《はしばひでよし》とその一族《いちぞく》　秀吉《ひでよし》の出自《しゅつじ》から秀長《ひでなが》の家族《かぞく》まで

令和7年5月7日　初版発行

著　者／黒田基樹《くろだもとき》

発行者／山下直久

発　行／株式会社KADOKAWA
〒102-8177　東京都千代田区富士見2-13-3
電話 0570-002-301（ナビダイヤル）

印刷所／株式会社KADOKAWA

製本所／株式会社KADOKAWA

帯デザイン／Zapp!

●お問い合わせ
https://www.kadokawa.co.jp/（「お問い合わせ」へお進みください）
※内容によっては、お答えできない場合があります。
※サポートは日本国内のみとさせていただきます。
※Japanese text only

定価はカバーに表示してあります。

ISBN 978-4-04-703739-7　C0321

◆◇◇

角川選書

この書物を愛する人たちに

詩人科学者寺田寅彦は、銀座通りに林立する高層建築をたとえて「銀座アルプス」と呼んだ。
戦後日本の経済力は、どの都市にも「銀座アルプス」を造成した。
アルプスのなかに書店を求めて、立ち寄ると、高山植物が美しく花ひらくように、
書物が飾られている。
印刷技術の発達もあって、書物は美しく化粧され、通りすがりの人々の眼をひきつけている。
しかし、流行を追っての刊行物は、どれも類型的で、個性がない。
歴史という時間の厚みのなかで、流動する時代のすがたや、不易な生命をみつめてきた先輩たちの発言がある。
また静かに明日を語ろうとする現代人の科白がある。これらも、
銀座アルプスのお花畑のなかでは、雑草のようにまぎれ、人知れず開花するしかないのだろうか。
マス・セールの呼び声で、多量に売り出される書物群のなかにあって、
選ばれた時代の英知の書は、ささやかな「座」を占めることは不可能なのだろうか。
マス・セールの時勢に逆行する少数な刊行物であっても、この書物は耳を傾ける人々には、
飽くことなく語りつづけてくれるだろう。私はそういう書物をつぎつぎと発刊したい。
真に書物を愛する読者や、書店の人々の手で、こうした書物はどのように成育し、開花することだろうか。
私のひそかな祈りである。「一粒の麦もし死なずば」という言葉のように、
こうした書物を、銀座アルプスのお花畑のなかで、一雑草であらしめたくない。

一九六八年九月一日　角川源義

真田信之
真田家を継いだ男の半生
黒田基樹

戦いから平和への時代転換の中で、真田信之はいかにして真田家の存続を図ったか。政治的な動向と領国支配の実態を明らかにしつつ、沼田城から上田城に本拠を移すまでの半生を史料に基づき丹念に追いかける。

569 | 240頁

978-4-04-703584-3

羽柴を名乗った人々
黒田基樹

秀吉は、旧織田家臣や旧戦国大名に羽柴名字を与えることで「御一家」と位置づけた。羽柴家の論理による秩序化である。全く新しい武家の政治序列の方法を創出した、秀吉の野望と類い稀な政治手腕を描く。

578 | 264頁

978-4-04-703599-7

井伊直虎の真実
黒田基樹

遠江国井伊谷領を領国とした国衆・井伊家最後の当主である一方、実像は殆ど知られていない直虎。わずかに現存する古文書から、解読が難しい「井伊谷徳政」の実態とともに、直虎の実像と領国経営を明らかにする。

586 | 216頁

978-4-04-703621-5

戦国大名・伊勢宗瑞
黒田基樹

伊勢宗瑞は「大器晩成の典型」などと評されてきた。しかし近年、その人物像は大きく書き換えられた。北条氏研究の第一人者が、「戦国大名」の構築の経緯を明らかにし、伊勢宗瑞の全体像を描く初の本格評伝。

624 | 272頁

978-4-04-703683-3

角川選書

戦国大名・北条氏直
黒田基樹

小田原北条家の五代目で最後の当主・氏直。戦国の最終局面を生きた僅か30年の生涯は、「天下人」信長・秀吉・家康との関係に彩られた人生であった。その生涯をたどり、戦国の激動の状況を鮮やかに活写する。

645 | 272頁
978-4-04-703705-2

青年家康
松平元康の実像
柴裕之

青年期の家康＝松平元康は、いかに今川家の従属から独立し敵対していったのか。同時代の戦国大名と国衆との関係のあり方を踏まえ、父・広忠時代からの松平氏の歩みや今川義元の三河支配と実態を徹底検証。

662 | 216頁
978-4-04-703711-3

家康の天下支配戦略
羽柴から松平へ
黒田基樹

天下人となった家康が取り組むべき最大の課題。それは、8割を占める外様有力大名と安定した親密な関係を築くことであった。戦争を起こさずとも覇権を存続することができた、巧妙な政治戦略を克明に描き出す。

668 | 234頁
978-4-04-703724-3

忍者とは何か
忍法・手裏剣・黒装束
吉丸雄哉

忍者はいつから手裏剣を投げるようになったのか？　歌舞伎、小説、漫画、ゲームなど、さまざまな作品に登場しえがかれることで、イメージが変化してきた忍者。その軌跡をたどり、イメージの変遷を辿る。

661 | 472頁
978-4-04-703623-9

角川選書

シリーズ　地域の古代日本
出雲・吉備・伊予
吉村武彦・川尻秋生・松木武彦　編

中国・四国地方は、古代から人や文物や情報がさかんに往来する回廊であった。製鉄技術の開発、弥生墳丘墓と巨大古墳、国府と鋳銭司、古代出雲、瀬戸内の古代山城など、多様なテーマで当地方の古代像を描く。

659　272頁
978-4-04-703698-7

シリーズ　地域の古代日本
筑紫と南島
吉村武彦・川尻秋生・松木武彦　編

筑紫は日本列島の先進地域と呼ばれた。筑紫諸国を管轄し、外交使節の接待を担った大宰府。宗像大社の祭祀の中心として信仰されてきた沖ノ島。独自文化を持つ南島など、九州地域の古代の全貌を明らかにする。

660　272頁
978-4-04-703699-4

シリーズ世界の思想
マルクス　資本論
佐々木隆治

経済の停滞、政治の空洞化……資本主義が大きな転換点を迎えている今、マルクスのテキストに立ち返りこの世界の仕組みを解き明かす。原文の抜粋と丁寧な解説で読む、画期的な『資本論』入門書。

1001　568頁
978-4-04-703628-4

シリーズ世界の思想
プラトン　ソクラテスの弁明
岸見一郎

古代ギリシア哲学の白眉ともいえる『ソクラテスの弁明』の全文を新訳とわかりやすい新解説で読み解く。誰よりも正義の人であったソクラテスが裁判で何を語ったかを伝えることで、彼の生き方を明らかにする。

1002　216頁
978-4-04-703636-9